書下ろし

平安京の怨霊伝説

—陰陽師《おんみょうじ》たちが支配した京都—

中江克己

祥伝社黄金文庫

（本書は黄金文庫のために書下ろされた）

まえがき

平安京といえば、『源氏物語』の紫式部《むらさきしきぶ》、『枕草子』の清少納言《せいしょうなごん》、歌人の和泉式《いずみ》部といった才女たちを思い浮かべる人も多いだろう。平安京の時代は、たしかに華やかな宮廷文化に彩られた雅な時代だった。

しかし、その反面、怨霊と鬼の時代でもあった。華やかさの陰で、怨霊や鬼、妖怪が横行し、さまざまな怪異事件を引き起こしたのである。

夜中には「百鬼夜行《ひゃっきやぎょう》」といい、鬼たちが行列をなして歩く。怨みを残して死ねば、たちまち怨霊となって不当に扱った人びとに祟《たた》り、悩ませる。たとえば、藤原氏の陰謀によって大宰府《だざいふ》へ左遷された菅原道真《すがわらのみちざね》は、憤死したのち、雷神となって平安京の人びとを不安に陥《おとしい》れる。さらに清涼殿を襲い、人の命を奪うのだ。

源頼光《みなもとのよりみつ》の四天王の一人、豪勇無双の渡辺綱《わたなべのつな》は、美女となって近づいた鬼に襲われる。また、鬼が人を食い、天皇の女御を悩乱させるという事件もあった。

奇怪なのは、小野篁《おののたかむら》があの世へ往来していたとか、歌人の西行《さいぎょう》が人造人間をつくった、という出来事だ。このようなことが信じられるだろうか。

桓武《かんむ》天皇は怨霊の恐怖から逃れようとして、清浄の地をさがし、新たな都をつくった。これが平安京だが、「平安」とは名ばかりで、じつに恐ろしい都だった。怨霊の祟りなど不安が渦巻くなかで、安倍晴明《あべのせいめい》、賀茂忠行《かものただゆき》といった陰陽師《おんみようじ》たちが超能力を発揮して活躍する。

いまの人びとにとって信じがたい出来事も、平安京の人びとにしてみれば事実であり、神秘的な恐ろしいことだった。疫病の流行や洪水、旱魃《かんばつ》、地震、雷なども、怨霊の仕業と信じていた。そのほか、なにか起こるたびに吉凶を案じ、邪気を恐れた。

長和《ちようわ》三年(一〇一四)一月、慧星が現われ、陰陽師はひそかに三条天皇に、異変の兆《きざ》しであることを知らせた。案の定、翌二月、内裏《だいり》の登華殿《とうかでん》(皇后・女御などの御所)から出火し、内裏のほとんどが焼亡してしまった。

三条天皇はその衝撃からか、左目の視力を失い、片耳が聞こえなくなった。陰陽師たちにその原因を占わせたところ、彼らは、

「これは天台座主《てんだいざす》の地位を望んで死んだ賀静《がじよう》の怨霊が天狗となり、天皇の頭に取り憑《つ》き、その翼で天皇の目と耳を覆《おお》っているからだ」

と告げた。さっそく怨霊調伏の祈禱が行なわれたものの、回復しない。実力者の藤原道長《みちなが》は、こうした状態では政務は執れないとして、三条天皇に譲位を迫る。翌年九月、内裏が新造されたが、わずか二か月後、十一月にはまたしても焼失した。

そこで三条天皇は、やむなく敦成《あつひら》親王（後一条天皇）に皇位をゆずったのである。敦成親王は一条天皇と藤原彰子《しょうし》（道長の娘）とのあいだに生まれているから、道長は怨霊事件を利用して、三条天皇を譲位に追いつめたといってよい。このように、怨霊を利用する事件もあった。

そのほか、歴史上では死んだとされる人物が、じつは逃れて生きのびたという事件も少なくない。たんなる噂とはいえないような痕跡があるのも不思議である。

この本では、さまざまな文献に記録された平安京の怨霊伝説や怪事件を集めてみた。なかには信憑《しんぴょう》性の疑わしい話もあるが、だからといってすべてを創作とはいいきれない。怨霊といっても、それは人びとの心のなかに現われるものといってよいが、平安京の人びとは現実に起こった不可解な出来事と結びつけて、怨霊の存在を疑わなかった。

本書を執筆するにあたって、多くの文献を参考にさせていただいた。先学の方々に感謝を申し上げる。

ともあれ、平安京とは、じつに不思議な都だった。この本は、平安京の闇にひそむ怪異の世界を垣間《かいま》見せてくれるにちがいない。

平成十三年八月

中江《なかえ》克己《かつみ》

目次

第2章 平安貴族を恐怖させた鬼の怪事――47

第3章　超能力者・陰陽師の怪事件——83

第4章 平安京を騒がせた怨霊事件 ―― 131

資料収集(図版・写真)＝エルフ 石井一雄
目次・扉デザイン＝宝利秀夫

第1章 物怪《もののけ》が引き起こす怪異

1 藤原師輔《もろすけ》が出会った「百鬼夜行《ひゃっきやぎょう》」とは

藤原師輔《もろすけ》は延喜《えんぎ》八年（九〇八）、摂政関白をつとめた忠平の次男として生まれた。長じて右大臣にまで昇進したが、さらに子の兼通《かねみち》、兼家《かねいえ》、孫の道長《みちなが》が関白を継承し、摂関家の祖といわれるようになった。

それればかりか、娘の安子《あんし》は村上天皇の皇后となり、憲平《のりひら》親王（冷泉《れいぜい》天皇）、守平《もりひら》親王（円融《えんゆう》天皇）を生んだ。また、息子伊尹《これただ》の娘懐子《かいし》は冷泉天皇の女御となるなど、天皇家の外戚として隠然たる力を備えていた。

その師輔がある夜、不思議な「百鬼夜行《ひゃっきやぎょう》」に遭遇したことがある。さまざまな妖怪が列をなし、夜中に出歩くことを百鬼夜行といったのである。

『大鏡《おおかがみ》』によると、師輔は牛車に乗り、深夜の二条大宮通を歩いているとき、怪しい集団に出会った。師輔はあわてて牛車をとめさせ、その中にひそんでいたが、御簾《みす》の隙間からそっと外を見た。

怪しい集団は人にはあらず、たしかに鬼どもであり、さまざまな恐ろしげな姿をしていた。まさに百鬼夜行である。師輔は恐れおののき、ひたすら経文を唱《とな》えつづけた。

百鬼夜行と出あったときには、息をひそめてやりすごすのが一番とされていた。そうすれば、怪しい集団はなにも危害を加えず、やがて去っていくからだった。師輔の近くに現われた妖怪の群れも、しばらくすると闇のなかに消えていった。

ただ不思議なことに、百鬼夜行を目撃したのは師輔だけで、牛車にしたがう供の者たちはそれに気づかなかった。

鎌倉初期にまとめられた『宇治拾遺物語《うじしゅういものがたり》』にも、百鬼夜行を目撃した公家や修験者の話が出てくる。

たとえば、ある公家が女とともに、一条大路に面した桟敷屋《さじきや》に泊まったときのことである。真夜中になると、突如として風が吹き荒れ、激しい雨も降ってきた。

奇怪なことに、嵐のなかを「諸行無常」と声をあげながら大路を歩く者たちがいる。公家は不審に思い、蔀戸《しとみど》を少し押し開けてみた。公家はおどろき、声を失った。

なんと、蔀の真正面に馬面の大男が不気味な笑い顔で立っていたのである。桟敷屋は眺望をよくするため、床を高くかまえた家だが、その蔀戸の真正面に男の顔が見えたというのは、並みはずれた大男だったということだ。

馬面をした大男と思ったが、よく見ると、馬そのものの顔をした鬼である。公家は恐ろしさのあまり、急いで蔀戸を閉めると、奥へ逃げ込んだ。ところが、馬頭の鬼は外から蔀戸を押しあけ、

「よく見てくれ」

という。太く、威圧的な声だった。

公家は恐怖で体がふるえた。それでも太刀を抜き、女をかばった。やがて馬頭の鬼はすっと体を引き、雨が降る闇のなかへ消えていった。

「あれは百鬼夜行にちがいない」

公家はそう思って怯《おび》え、それからは二度と一条大路の桟敷屋には泊まらなかった。それにしてもわからないのは、馬頭の鬼がただ脅しただけで、なんの害も与えずに帰っていったことだ。しかし、公家は生涯、そのことを思い出し、怯えつづけたという。

また、ある修験者が諸国行脚の途中、摂津《せっつ》国（大阪府西北部と兵庫県南東部）を歩いているときのことである。

野原のなかで日が暮れ、月の明かりを頼りに歩いていると、やっと荒れ果てた寺が見つかった。だれもいないので、修験者は本堂に入り、そこで一晩泊まることにした。

本堂には、大日如来《だいにちにょらい》の木像が安置されている。修験者がそれに向かって呪《じゅ》を唱えていると、近くの森の奥から不気味な風が吹きつけ、まもなく怪しげな声が聞こえてきた。それも一人や二人ではなく、数十人の集団である。

修験者は恐れおののきながらも、破れ戸の隙間からのぞいてみた。修験者の目に映ったのは、荒れ寺に近づいてくる百人ほどの異形の群れだった。

「人を食いたい」

ぞっとするような声がはっきり聞こえた。

修験者は「百鬼夜行だ」と思うと、恐怖のあまり、体が動かなくなった。そのうちに異形の群れが本堂のなかに、ぞろぞろと入ってくる。それとともに、あたり一面に嫌な臭気が広がった。そばで見ると、目一つの者や角が生えている者などさまざまだった。

修験者は、大日如来にすがるしか道がないと思い、一心に呪を唱えつづけた。祈りが通じたのか、異形の者たちは修験者にまるで気づかないかのように、それぞれ勝手に本堂の床にすわっていく。

本堂は狭いものだから、すわるのに押しあいへしあいしている。だが、一人だけがあぶれてすわることができない。その異形の者はあたりを見まわすと、ふいにすわっている連中をかき分けながら、修験者のところへやってきた。

修験者は「食われてしまうのか」と思い、たまりかねて悲鳴をあげそうになった。しかし、間一髪のところで、その異形の者は、

「こんなところに見なれぬ不動尊がある。悪いが、今夜は外へ出ていただこう」

といい、修験者の体を抱えあげると、本堂の外へ運んでいったのである。こうして異形の者たちは全員すわることができたが、命びろいしたのは修験者だった。

平安京には、こうした百鬼夜行がよく出没した。しかし、先に述べたように右大臣藤原師輔には百鬼夜行が見えたのに、供の者たちには見えず、気配さえ感じなかった。

百鬼夜行というのは言葉を変えると、さまざまな物怪が深夜に跋扈《ばっこ》することだ。しかも、師輔とか公家、修験者といった特別の人びとだけが遭遇している。なんとも奇怪な出来事だが、彼らはそうした物怪を見る特別な霊感をもっていたのだろうか。それとも、彼らの妄想が生み出したものなのだろうか。

2 紫式部《むらさきしきぶ》が目撃した物怪の正体

『源氏物語』のなかに、光源氏の寵《ちょう》をうけた夕顔《ゆうがお》が物怪に取り殺されたり、光源氏の愛人となった六条御息所《ろくじょうのみやすどころ》が生霊となって、正妻の葵上《あおいのうえ》を取り殺す、という話が出てくる。『源氏物語』はフィクションにはちがいないが、作者の紫式部が見聞したことを巧《たく》みに取り入れてあり、すべてが想像の産物というわけではない。いいかえれば、紫式部も物怪を目撃していたのだ。

夕顔をめぐる怪事件はこうして起こる。

ある日、源氏は尼になった乳母の家をたずねたとき、隣家に住む女を見て心を奪われた。この女が夕顔で、その家の塀や軒端《のきば》には、白い夕顔の花が咲いていた。

やがて源氏は夕顔を寵愛するが、ある別邸で彼女とすごした夜更け、少し眠ったと思うと、枕もとに美女が現われる。美女は、

「こんな女と……」

　と、怨みごとをいいながら、そばに寝ていた夕顔をゆすり、起こそうとするのだ。

　そのとき、源氏はなにかに襲われたような気がして、目を覚ます。しかし、どうしたわけか灯火《ともしび》は消え、あたりは真っ暗闇でなにも見えない。

　この暗闇に物怪がいる。不安になった源氏は「魔除けが必要だ」と思い、手さぐりで太刀を抜き、枕もとに置いた。それから侍女を起こし、

「宿直《とのい》に火を持ってこさせよ」

　と命じたが、侍女は恐怖におののき、動くことができなかった。

　源氏は、やむなく手を叩く。だが、虚《うつ》ろに響くだけで、だれも起きてこない。源氏がふと夕顔をのぞき込むと、彼女は冷汗をかき、わなわなと震《ふる》えるばかりだった。

　源氏は暗闇のなか、渡殿《わたどの》（渡り廊下）へいって人を起こし、随身《ずいしん》（護衛兵）に弦打《つるう》ちを命じ、明かりを持ってこさせた。弦打ちというのは弓弦《ゆづる》を引いて鳴らすことで、物怪を追い払うまじないである。

　源氏は暗闇のなかを、手さぐりで部屋に戻ったものの、夕顔も侍女も気を失ったままだった。

「なにを怯《おび》えているのか」

といいながら、源氏は侍女を引き起こし、気合を入れた。つぎに夕顔を起こそうとしたが、まるで死人のように手応えがない。

やっと灯火がとどいたので、源氏はよく見ようと思い、灯火を夕顔に近づけた。その瞬間、夕顔の枕もとにまたもや、あの不思議な美女が現われ、すぐに消えた。まったく不可解なことだが、夕顔は息絶えていた。

夕顔を取り殺したのはだれの怨霊だったのか、紫式部は明らかにしていない。しかし、葵上は六条御息所の生霊に悩まされ、ついには取り殺されてしまうのだ。

六条御息所は秋好《あきこのむ》中宮の母で、美貌と教養にあふれる高貴な女である。光源氏の愛人になるが、源氏の正妻、葵上への嫉妬に苦しみ、ついには生霊となって葵の上を取り殺す。さらに、死後も死霊となり、紫の上、女三の宮を苦しめた。

葵上は、源氏が斎院《さいいん》（賀茂神社に奉仕する未婚の皇女）の御禊《ごけい》の美しい行列に加わるというので、見物に出かけた。斎院の御禊は、賀茂祭（葵祭）の前に斎院が賀茂川で行なうみそぎの儀式である。

ところが、葵上が出かけてみると、すでに道筋には車があふれ、葵上の車が前へ出るなどころではなかった。しかし、葵上の父は左大臣である。従者はその威光を笠に着て、ほかの車をつぎつぎに後方へ下げていく。

葵上の従者たちは酒を飲んでいたため、酒の勢いで無法にも六条御息所の車まで引き下げようとする。六条御息所の供人たちは手強く、一歩も引かない。たがいに争ったものの、葵上の従者たちはむりやり、一行の車を前へ押し出してしまった。

六条御息所の車は強引に奥へ下げられて、行列はまったく見えない。そのうえ、争いのために榻《しじ》（車を曳く棒をのせる台）を折られていた。

やがて、華麗な行列が通っていく。馬に乗った源氏は葵上をみつけて会釈したが、六条御息所は見えないから無視した恰好になった。六条御息所は悔しく、葵上への怨みをつのらせる。こうして六条御息所の生霊が動き出す。

そのころ、葵上は懐妊していたが、まもなく病がちになったため、祈禱が行なわれた。祈禱僧は、まず憑坐《よりまし》を用意しておく。憑坐は病人に取り憑《つ》いている霊を引き離し、乗り移らせるための人で、その家に仕える少女をあてるのがふつうだった。

祈禱が行なわれると、葵上に憑いていたいろいろな生霊や死霊が現われ、憑坐に移っていく。祈禱僧はそれらを調伏していったが、葵上に取り憑いたまま、どうしても憑坐へ移ろうとしない霊がある。正体を占ってみたものの、だれの霊なのかわからなかった。

しかし、葵上の出産が近くなり、祈禱僧たちが懸命に加持祈禱を行なうと、さすがの悪霊も耐えられずに弱音を吐く。葵上に取り憑いている生霊が泣きながら、

「どうか怒りを堪《こら》えて許してください。少しお話ししたいことがあります」

という。源氏が近づき、几帳《きちょう》（室内を仕切る道具。台に二本の柱を立て、横木に幕をかけたもの）のなかをのぞいてみた。すると、姿は葵上だが、明らかに異なる声で、

「わたしは生霊となって、ここに出てくるつもりは少しもなかったのです。でも、思いにふける人の魂は、やはり体を離れてさまようものなのですね」

と、懐かしそうにいい、歌を詠《よ》んだ。

その声や気配は、葵上のものではない。源氏は「もしや、六条御息所……」と思い、ひどくおどろいた。

「おまえは、だれなのだ」

源氏は正体を知ろうとして問いかけたところ、案の定、

「わたしは六条御息所です」

と答えた。得体の知れぬ物怪なら恐怖がつのり、手こずるところだが、六条御息所の生

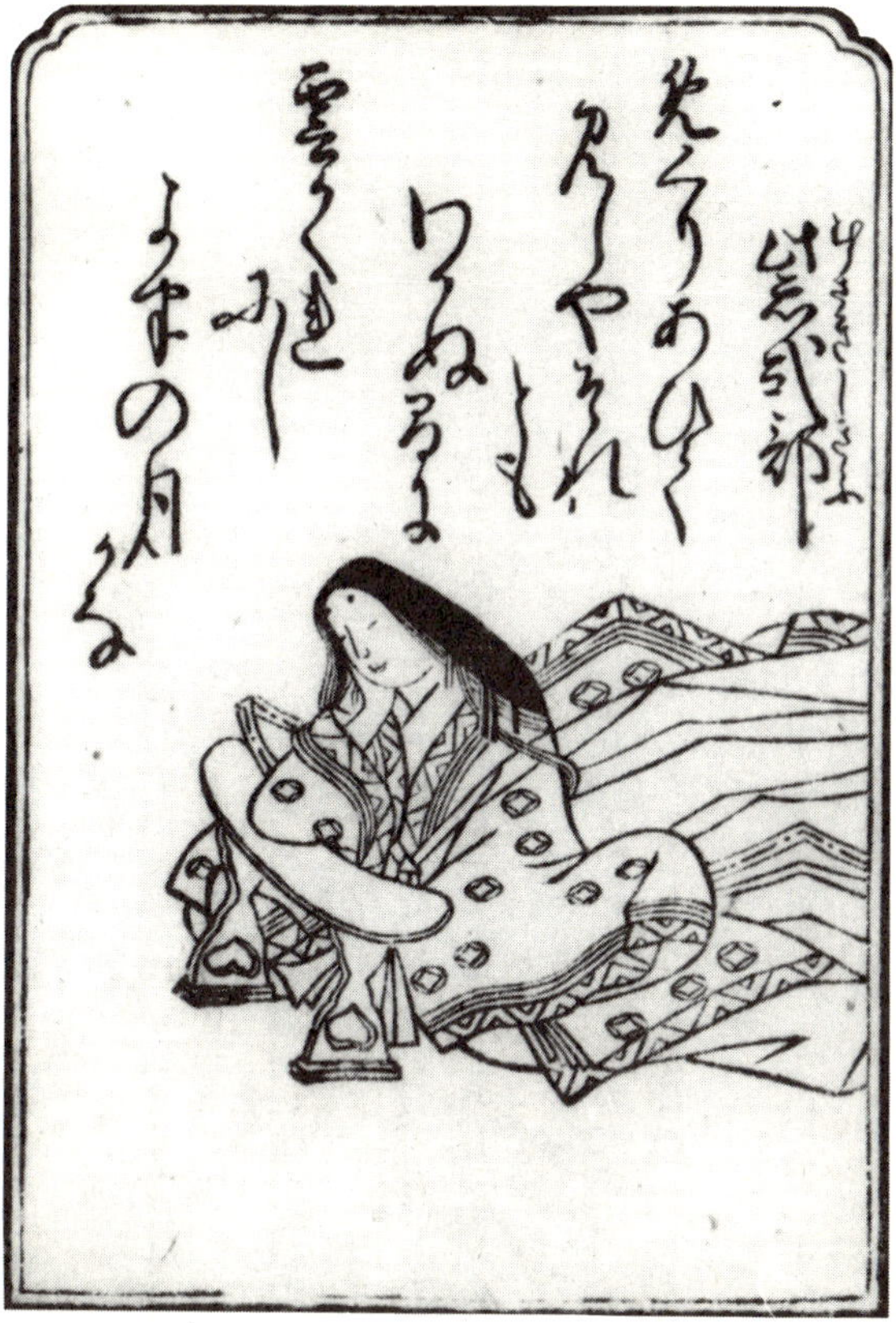
紫式部《むらさきしきぶ》
めくりあひて見しやそれとも
わかぬまに
雲かくれにし
よはの月かな

霊とわかればむずかしいことはない。生霊は憑坐へ移され、葵上は無事に男子を出産することができた。

六条御息所は、葵上に男子が生まれたことを知ると、われに返り、改めて自分の衣服を見た。不思議なことに、芥子《けし》の香がしみついている。

六条御息所は、自分が知らないうちに葵上に乗り移ったものの、祈禱僧によって追い出された。祈禱のさいに芥子を焚《た》くが、その香りが移っていたのだ。

しかし、六条御息所の生霊は、それで動きをやめたわけではない。その後、源氏が参内して留守の夜、ふたたび六条御息所の生霊が葵上に取り憑く。葵上は突如として苦しみ、帰らぬ人となった。

むろん、この奇怪な出来事は、紫式部が書いた『源氏物語』に出てくる話である。しかし、当時の京都には怨霊が跋扈《ばっこ》し、人びとは恐れおののいていた。それだけに、こうしたことが実際になかったとはいえない。

その証拠に、紫式部は『紫式部日記』のなかで、みずから目撃した怨霊のことを書いている。紫式部は藤原宣孝《のぶたか》に嫁いだが、まもなく死別。のちに一条天皇の中宮藤原彰子《しょうし》に仕えた。『日記』は彰子に仕えた寛弘《かんこう》五年（一〇〇八）から寛弘七年正月まで、約一年半の見聞や感想などを書きとめたものだ。

彰子が出産するとき、藤原道長、彰子の父娘に怨みをもつ多くの怨霊が集まってきた。そこで大勢の僧を呼び、加持祈禱を行なわせ、怨霊をしずめようとしたところ、さまざまな怨霊が姿を現わし、憑坐となった女官に取り憑き、あれこれ罵《ののし》りはじめた。

僧たちはそれを見て、怨霊のついた女官を一人ずつ屛風のあいだにつれていく。こうして多くの怨霊を一つずつに分け、それを順番に鎮《しず》めていった。なかには、おとなしくなる女官もいれば、暴れて僧を引き倒す女官もいる。

紫式部はそのように書いているが、これは『源氏物語』に描かれた情景とそっくりだ。紫式部は実際に目撃した物怪を、作品のなかに取り入れたのである。

3 白河《しらかわ》天皇を襲った八万四千匹の鼠《ねずみ》

平城京では、物怪が天皇を襲うこともあった。

『宇治拾遺物語』が伝えるところによると、ある夜、白河天皇が殿隠《とのごも》り（寝ること）していたとき、ふいに物怪が襲ってくる、という事件が起きた。白河天皇は物怪を追い払うため、「しかるべき武具を枕のそばに置くように」と命じ、源義家《よしいえ》を召し出した。

源義家は頼義の長男で、八幡太郎とも称された武将である。前九年の役には、父頼義とともに陸奥《むつ》の安部貞任《あべのさだとう》を討ち、陸奥守兼守護となった。その後、後三年の役を平定し、東国に源氏勢力の基盤を築いた。

白河天皇は、源義家の武威によって物怪を封じようとしたのである。義家は黒塗の弓を献上したが、それを天皇の枕もとに立てておいたところ、物怪は二度と襲ってくることがなかった。

弓には魔性があるとされ、天皇の入浴、病、夜中の警固、不吉なときなどに、鳴弦《めいげん》が行なわれた。鳴弦というのは、弓の弦を引き鳴らして、妖怪や物怪を祓《はら》うまじないである。弓にはそうした力があると信じられていた。

まして、源義家のような武将の弓であれば、その効き目も強い。天皇もそのことを信じていたから、義家に、

「この弓は十二年の合戦のときに用いたのか」

とたずねた。十二年の合戦とは前九年の役のことで、康平《こうへい》五年（一〇六二）まで十二年もつづいた。しかし、義家は記憶がはっきりせず、「定かではありませぬ」と答えざるをえない。だが、天皇はしきりに感嘆した。

白河天皇を襲った物怪の正体について、『宇治拾遺物語』は記していない。正体不明というわけだが、一説によると頼豪《らいごう》の怨霊だったのではないかという。

頼豪は長保《ちょうほ》四年（一〇〇二）、式家（藤原氏四家の一つ）の祖となった藤原宇合《うまかい》の子孫、有家《ありいえ》の子として生まれた。幼いころ、園城寺《おんじょうじ》（三井《みい》寺。滋賀県大津市）に入って修行を重ね、効験あらたかな僧として知られるようになった。

白河天皇は延久《えんきゅう》四年（一〇七二）、二十歳で皇位についたが、なかなか皇子が誕生しな

い。そこで頼豪に、皇子誕生を祈禱させたのである。このとき、天皇は、

「皇子の誕生を祈ってくれ。これが成就すれば、褒美は望みのままあたえよう」

と約束した。

皇子が誕生したら、望む褒美をやるというのだから、頼豪は張り切り、秘法のかぎりを尽くして祈りに祈った。

そのかいがあって、まもなく中宮の賢子《けんし》が懐妊した。賢子は藤原顕房《あきふさ》の娘だが、藤原師実《もろざね》の養女となり、入内した女性である。承保元年（一〇七四）十二月、めでたく皇子が誕生し、敦文《あつふみ》親王と名づけられた。

白河天皇は約束を果たそうとして、頼豪にたいし、

「どのようなものを所望するのか」

とたずねた。頼豪は即座に、こう申し出た。

「ぜひとも園城寺に戒壇の建立をお許しいただきたいのです」

戒壇は僧徒に戒をさずけるための式場で、当時は延暦寺《えんりやくじ》（大津市）にしかない。延暦寺のライバルである園城寺にとって、戒壇の建立は悲願であり、頼豪もその設立運動にかかわってきた。それだけに、頼豪の願いは格別のものだった。

ところが、戒壇の建立となると、両寺の紛争の種にもなっていたし、おそらく延暦寺から反対の声があがるにちがいなかった。天皇としても、おいそれと許可するわけにはいかない。天皇は「褒美は望みのまま」と約束したにもかかわらず、やむなく「存外の所望だ」といい、却下した。天皇は延暦寺の反対を恐れたのである。

頼豪は約束を反故《ほご》にされて怒り、園城寺に帰ると、憤死してしまった。そのとき、頼豪は怨みの言葉を吐いた。

「わたしが祈禱して誕生した皇子だから、ともに魔道へ引き連れていく」

その言葉のとおり、やがて敦文親王は疱瘡《ほうそう》にかかって、四歳で夭死《ようし》した。

また『太平記』には、怨みを抱いた頼豪のその後を、こう記している。

頼豪は天皇を怨み、百日間、髪を剃らず、爪も伸びるにまかせ、顔や手などは炉壇の烟《けむり》にすすけて黒ずんだ。怒り怨む心の炎に骨を焦がし、

「わが願いは大魔縁となって、天子を悩ませ、山門（延暦寺）の仏法を滅ぼす」

という悪念を起こし、ついに壇上で死んだ。その怨霊は邪毒を放ったので、頼豪が祈禱して生まれた皇子は亡くなった。

その後、頼豪の亡霊は鉄の牙、石の身をもつ八万四千匹の鼠となり、延暦寺へ向かっ

た。この鼠の大群は延暦寺にしのびこむと、つぎつぎに仏像や経巻を食い破っていく。これを防ぐ術がないので、一社を建立し、頼豪の怨霊を鎮撫したというのである。怨みのあまり、絶食して死んだ頼豪が死後、数万匹の鼠と化し、延暦寺の経巻を食い破ったという話は、このほか『愚管抄《ぐかんしょう》』や『源平盛衰記《げんぺいせいすいき》』などにも出てくる。これが事実なら、まことに奇怪な出来事といわなければならない。

頼豪が実際に死去したのは、応徳《おうとく》元年（一〇八四）のことで、敦文親王が死んで八年後だ。伝えられる頼豪の怨霊の話とは時間的にずれがあるし、矛盾が生じる。ではなぜ、頼豪は怨霊と化した、という話が広まったのか。

それは、一つに頼豪がその後、世間との交渉を絶っていたからだろう。それなのに敦文親王が夭死したため、

「頼豪の怨霊が敦文親王に取り憑き、殺された」

との噂が流れた。それが発展して頼豪の怨霊が白河天皇を襲ったり、鼠の大群となって延暦寺の経巻を食い破った、という話になったとも考えられる。

ところが、その後も物怪の事件が続発するのだ。敦文親王が死去したのち、承暦《しょうれき》三年（一〇七九）、中宮賢子は第二皇子の善仁《たるひと》親王を生む。しかし、五年後の応徳元年、賢子は

二十八歳の若さで死んだが、平安末期の歴史書『扶桑略記《ふそうりやくき》』によると「物怪のせいだ」という。

白河天皇は悲嘆に暮れ、賢子の屍をいつまでも抱きつづけた。それからまもなくの応徳三年（一〇八六）、白河天皇は三十四歳という若さなのに、わずか八歳の善仁親王に皇位をゆずってしまった。堀河《ほりかわ》天皇である。

この堀河天皇も物怪に悩まされるのだ。僧らに祈禱させたものの、まるで効果がない。そこで白河天皇のときと同じように源義家が召し出され、義家は鳴弦を行なう。こうして堀河天皇に取り憑いた物怪を退散させたのである。

4　近衛《このえ》天皇を悩ませた鵺《ぬえ》と妖狐《ようこ》

仁平《にんぴょう》年間（一一五一〜五四）、近衛天皇が夜な夜な物怪に脅《おびや》かされる、という怪事が起こった。

夜もふけた丑《うし》の刻（午前二時）になると、東三条の森の上空に不気味な黒い雲が湧き出し、風もないのに流れてきて御殿を覆《おお》う。天皇はそれとともに怯え、発作を起こして苦しんだ。

近衛天皇は保延《ほうえん》五年（一一三九）生まれだから、このとき、十代前半である。わずか三歳で即位したが、もともと病弱で、十二歳で元服したころでもあどけなさが残り、女御の呈子《ていし》と馬乗りごっこをして遊ぶありさまだった。

病弱だったこととなにか関わりがあったのか、よくわからない。いずれにせよ、天皇が怯え、苦しんでいるのを見すごすわけにはいかなかった。朝廷は天皇を脅かす物怪の正体をつきとめ、退治しようと、高僧たちに加持祈禱を行なわせた。しかし、物怪の正体はわからず、天皇の怯えが消えることもなかった。

公卿たちはその対策に苦慮し、いくども話しあった。そこで出てきたのが、堀河《ほりかわ》天皇の先例である。

近衛天皇の祖父にあたる堀河天皇も、同じように物怪に悩まされたことがあった。そこで、源義家が弦打ち（鳴弦）を行なったところ、物怪は退散し、堀河天皇の悩みが消え去ったのである。弦打ちというのは、弓の弦を手で引き鳴らすことで、物怪を追い払うことができると信じられていた。

その先例にしたがって、近衛天皇を悩ませる物怪を退散させるために、弦打ちを行なうことになった。呼び出されたのは源頼政《よりまさ》である。このときの状況は『平家物語』によると、つぎのようだった。

頼政は、家来の猪早太《いのはやた》に矢を背負わせ、自分は狩衣《かりぎぬ》を身につけ、尖った矢を二本と重籐《しげとう》の弓をもって出かけた。重籐の弓は、下地を黒塗りにし、白の籐で斑点状になるように巻いた弓で、大将などが使った。こうして頼政は南殿（正殿）につめ、夜を徹して警固にあたった。

しばらくはなにごとも起きなかったが、丑の刻ごろになると、人びとがいったとおり、突如として異変が起こった。東三条の森のほうから怪しげな黒雲が近づき、御殿のうえにたなびいたのである。頼政が見あげると、その黒雲のなかに怪しいものの姿が見えた。頼政は迷わず、それをめがけて矢を放った。

「仕留めたぞ」

頼政が叫ぶと同時に大きな音がひびき、巨大な怪物が落ちてきた。早太がそれを取り押さえ、明かりをともして見ると、なんとも奇怪な姿をしている。

その頭は猿で、胴体は狸だが、尾は蛇、手足は虎という複合妖怪だった。鳴き声はトラツグミに似て、怪しげである。人びとは、これを鵺《ぬえ》と呼んだ。この妖怪はくり舟に入れ、海へ流した。

頼政が鵺を退治したことで、天皇の悩みは癒《い》えた。

鵺は、人間を化かす妖力をもつ動物の力が集まったもの、とされているから、最強の妖怪といってよいかもしれない。恐ろしいことに、平安京の夜空にはこうした妖怪が飛んでいた。

近衛天皇にはもう一つ、妖狐《ようこ》に取り憑かれたという話も伝わっている。

久寿元年《きゅうじゅ》（一一五四）の春、美しい遊女が近衛天皇に近づいてきた。彼女は天下無双の美人のうえ、学才もなかなかのものである。天皇はたちまち彼女に魅了され、玉藻前《たまものまえ》という名をあたえて寵姫とした。

玉藻前も寵愛をうけて、日夜天皇のそばを離れなくなった。ところが、ふいに天皇が発病し、やがて重態に陥ったのである。

典薬頭《てんやくのかみ》（侍医長）が診て、

「これは尋常の病ではない。邪気の仕業であり、わたしの手には負えぬ」

と告げた。しかし、典薬頭には、邪気の正体がわからなかった。

そこで陰陽頭の安倍泰成《あべのやすなり》が呼び出され、天皇を診た。泰成にはすぐわかった。

「じつは、帝が寵愛されている玉藻前の仕業です。玉藻前を除きさえすれば、帝はたちどころに平癒なさいます」

泰成の話を聞いて、大臣や公卿たちは「そんなばかなことがあるものか」と、あきれ果てた。そこでやむなく、泰成は占いをたてたところ、

「玉藻前の正体は金毛九尾《きんもうきゅうび》の妖狐で、天竺《てんじく》（インド）では華陽夫人となって皇太子を惑わし、中国では周の幽王《ゆうおう》の后褒姒《ほうじ》となり、国を滅ぼして王の命を奪った。そのように国々

いてきた」

を荒らした妖狐だが、遣唐留学生の吉備真備《きびのまきび》が帰国するとき、少女に化身してわが国へついてきた」

という結果が出た。

泰成がそのことを話して聞かせると、近臣たちもおどろき、顔色を変えた。しかし、近臣たちにはどうしたら妖狐を退散させることができるのかわからない。そこで、泰成のすめにしたがい、泰山府君祭《たいざんふくんさい》を執《と》り行なうことにしたのである。

泰山府君は、中国の泰山（山東省泰安の北方にある名山）の神で、人の生死をつかさどると信じられ、道教で祀る。これがわが国に伝わり、陰陽家で祀るようになった。

泰山府君祭というのは、物怪を調伏する儀式で、泰山府君を祀って祈禱を行なうのだが、同時に玉藻前に幣《へい》取り役をさせることにした。幣取り役とは御幣をもつ人、すなわち神がかる役目をする人だ。

泰成は、玉藻前にその役をさせれば正体を現わすにちがいない、と思ったのである。案の定、泰成が祝詞《のりと》を述べていくと、玉藻前はふいに御幣を投げ出し、九本の尾をもつ怪しげな大狐となって、飛ぶように走り去った。

これで玉藻前が妖狐だったことが明らかになり、居並ぶ公卿たちは身ぶるいした。まもなく天皇の病は平癒したが、妖狐はその後、下野国《しもつけ》（栃木県）那須野《なすの》へ逃げ込み、人びとに悪さをしつづけた。

天皇はこのため、三浦介義明《よしあき》、上総介広常《かずさのすけひろつね》らを那須野へ派遣したが、彼らの腕が未熟だったため、なかなか妖狐を退治することができない。そこで二人は、弓矢の訓練を百日もつづけ、ようやく妖狐を射とめることができたのである。

もっとも、この玉藻前の相手は近衛天皇ではなく、崇徳上皇のこととして伝えられる話もある。いずれにせよ、その内容はあまりちがわない。

現在、栃木県の那須野ケ原には「殺生石《せっしょうせき》」があり、それにまつわる伝説が残っている。それによると、那須野で妖狐が射とめられたとき、妖狐は石になった。しかも、その石は毒気を噴出し、石に触れるものはむろん、石のうえを飛ぶ鳥や虫までも殺してしまったため、殺生石と呼ばれるようになったという。

金毛九尾の妖狐は人類を滅ぼし、魔界をつくりあげるのが目的だったというが、当時、人びとのあいだで、狐は人間に化けることのできる能力をもつ妖怪と信じられていた。

さまざまな妖怪が人びとを悩ませたが、この妖狐は天皇に取り憑き、朝廷を転覆させかねない、すさまじい力をもっていた。

5　旅の修行者が馬になった

にわかには信じがたいが、人が馬になるという怪事件もあった。物怪の仕業か、あるいは超能力者の妖術なのか、よくわからない。『古今物語集』によると、それは四国のとある山中で起こった出来事だという。

三人の修行者が、四国の僻地をめぐっていたときのことである。彼らは道に迷うことを用心し、海辺に沿って歩きつづけたが、ある日、うっかりして道に迷い、山中へ入り込んでしまった。なんとか海辺の道に出たいと思うものの、やみくもに歩くものだから山奥の深い谷へ出た。

「このままでは、いつになったら海辺の道に戻れることやら……」

嘆息しながら茨《いばら》や枳《からたち》のあいだを進む。どれほど歩いたろうか。疲労が重くのしかかってきたころ、ふいに視界が開けた。そこは平地で、垣《かき》をめぐらせたところもある。人が住んでいるにちがいないと思い、三人はほっとし、うれしくなった。

垣のなかへ入っていくと、やっぱり、家が並んでいる。だが、鬼の住処《すみか》かもしれない。三人は不安になったが、道をたずねるだけだからと、気を取り直して声をかけた。

「修行中の者ですが、道に迷ってしまい、困っています。どうか、人里へ出る道をお教えください」

家のなかからは、僧の姿をした六十歳余りの男が現われた。しかし、顔はひどく恐ろしげである。三人の修行者たちは不気味に思ったが、いまさら逃げ出すこともできない。誘われるままに縁にあがり、すわった。

「さぞかしお疲れでしょう。いま支度をしますから、食事をしてください」

恐ろしげな顔のわりにはやさしいことをいい、まもなく食膳を運んできた。それを見た三人は「主は鬼ではなく、普通の人間にちがいない」と思い、出されたものを食べた。食事をすませ、一休みしていると、主がふいに恐ろしげな声を出し、人を呼んだ。現われたのは、怪しげな法師である。

「例のものを持ってきて、いつものようにするのだ」

主が命じると、法師はどこからか馬の手綱《たづな》と鞭《むち》を持ってきて、修行者の一人を縁から庭へ引きずり落とした。

　あとの二人は「なにごとが起こるのか」と不安に駆られていると、法師は突如、庭に引きずり落とした修行者の背中を、鞭で叩きはじめたのである。しかも、五十回つづけた。

「助けてくれ！」

　叩かれるたびに悲鳴をあげたが、残る二人に助ける手立てはない。おろおろしているうちに、法師は修行者の衣を剝《は》ぎ取り、肌をむき出しにすると、さらに五十回叩いたのである。百回も鞭で叩かれては、辛抱することもできない。地面に顔をつけ、倒れてしまった。

「引き起こすのだ」

　冷酷な主の言葉に応じ、法師は地面に伏している修行者を、やおら引き起こす。なんとしたことか。修行者はたちまち馬と化し、胴ぶるいして立ち上がったのだ。法師はその馬に手綱をつけ、引き立てていく。

「やはり、ここは人間の住むところではなかった」

　それを見た二人の修行者は、恐ろしさで生きた心地がしない。しかし、悲嘆に暮れるまもなく、もう一人も縁から引きずり落とされ、同じように鞭で叩かれて馬になった。

残った一人の修行者は、なかばあきらめながらも「なんとか助かりたい」と、心のなかで念じつづけた。主はなにを考えているのか、鞭で叩くことを中止し、修行者には「そこにすわっているのだ」と命じた。修行者は、

「馬になるのは嫌だ。なんとかして逃げ出そう。もし途中で捕まり、殺されたってかまわない。馬にされるよりはましだ。うまくいけば、逃げおおせるかもしれぬ」

などと考えた。やがて、主がやってきて、

「あの田に水があるかどうか、見てくるのだ」

という。修行者が田へいってみると、水があった。そのことを報告したが、主はうなずくだけだった。

まもなく夜になり、皆が寝て静かになった。修行者は笈《おい》（荷物を入れて背負う箱）を捨て、なにも持たずに家を出ると、足の向いたほうへ一目散に走りつづけた。

途中で一軒の家があり、その前に一人の女が立っている。修行者は無視して通りすぎようとしたが、女が声をかけてきた。修行者はやむなく事の次第を話すと、女は、

「お気の毒に。こちらへお入りなさい。じつをいうと、わたしはその主の長女なのです。なんとか助けたいと思いますが、わたしにはできません。もう少し下のほうへゆくと、わ

たしの妹が住んでいます。手紙を書きますので、それを持っておいでなさい」

といい、手紙を書き、渡してくれた。さらに、こういったのである。

「お話を聞くと、主は二人の修行者を馬に変えたあと、あなたを土のなかに埋め、殺そうとしたにちがいありません。田に水があるか、見にいかせたのも、掘って埋めるためですよ」

修行者は女に礼をいい、急いで妹の家へ向かった。しばらくいくと、山中に一軒家が見えたので、戸を叩き、出てきた女に手紙を見せた。

「姉がいってきたことなので、なんとか助けてあげたいと思います。でも、ここにはとても恐ろしいことがあるのですよ。少しのあいだ、ここに隠れていてください」

女はそういい、修行者を奥の一間につれていった。

「ちょうど、その時刻がきました。決して物音をたてないでくださいね」

女が念を押す。修行者は、なにが起こるのかと、身をかたくした。まもなく、なにやら恐ろしげな気配がすると、ひどく異様なにおいがただよってくる。修行者は背筋が冷たくなり、思わず身ぶるいした。

なにか正体のわからぬ者が入ってきて、女と話しはじめたが、まもなく一緒に寝た気配が伝わってくる。じっと聞き耳を立てていると、交わりをすませ、帰っていった。

「この女は鬼の女房にちがいない。鬼がいつもやってきて、同衾《どうきん》していくのだ」

修行者はそう思ったが、それにしても気味の悪いことはなはだしい。

女が修行者の隠れているところにやってくると、人里への道を教えてくれた。修行者はひたすらその道を急いだ。やがて夜が明けたころ、ようやく人里にたどり着くことができたという。

第2章 平安貴族を恐怖させた鬼の怪事

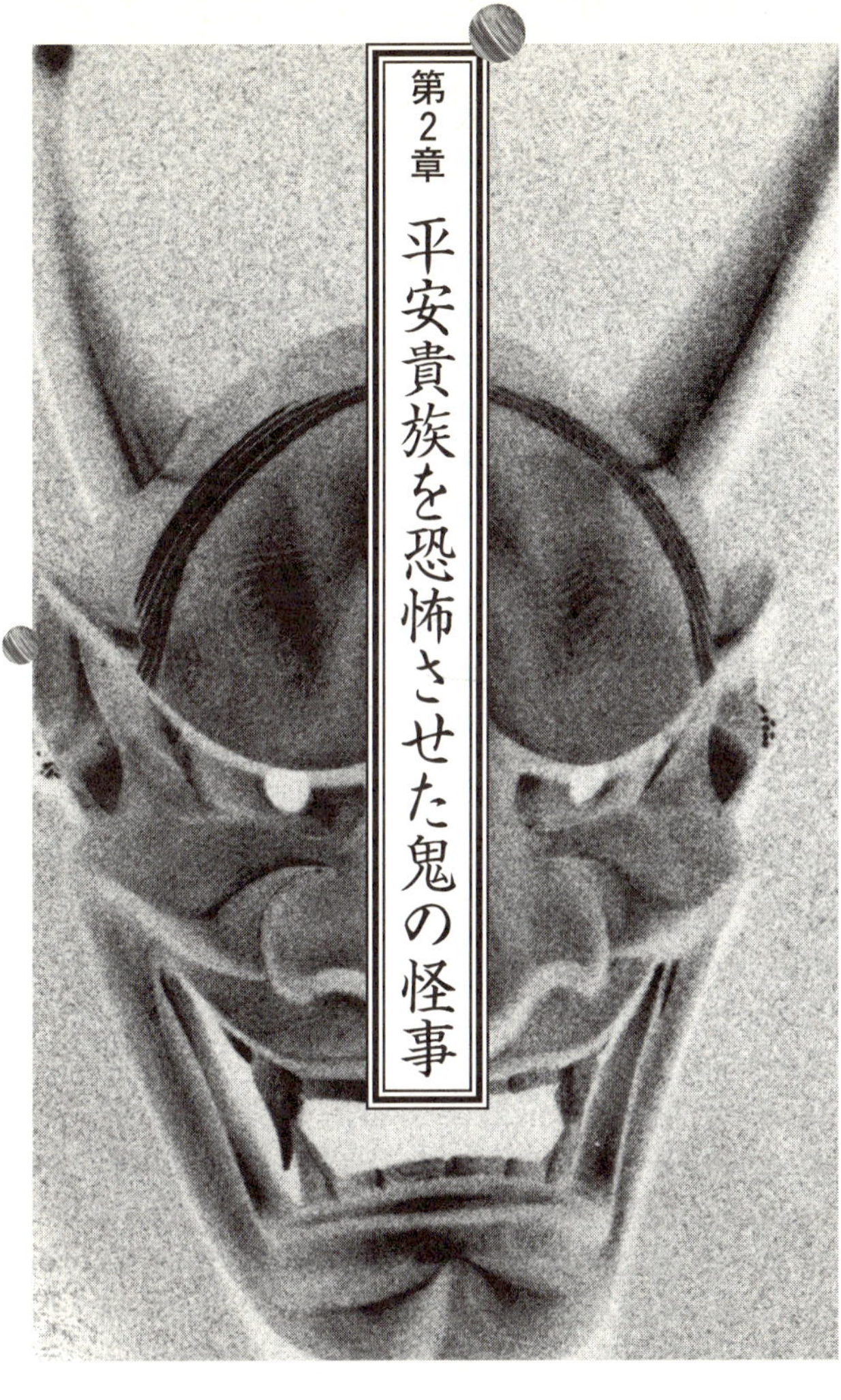

1 鬼が人を食う事件の恐怖

鬼が若い男に変じて女を食う、という奇怪な事件があった。平安初期に成立した『日本《にほん》霊異記《りょういき》』は、つぎのような出来事を伝えている。

大和国（奈良県）十市《とおち》郡に裕福な家があり、そこのひとり娘は「たいそうな美人」と評判だった。しかし、多くの男たちが求婚してきたのに、いずれも「気が進まない」といって断り、いまだに独り身を通していた。

ところが、あるとき、ひとりの男が結婚を申し込み、さまざまな品をとどけてきた。娘はどの品も気に入ったし、男の振舞いも悪くはない。

「あのお方なら申し分あるまい」

両親もそういって、熱心に結婚を勧《すす》めた。

娘も心を許し、男を迎え入れることにした。当時は「婿取り婚」だから、男ははじめての夜、娘の家に泊まった。娘夫婦が閨《ねや》へ入るのを見とどけて、両親も床についた。しばらく時がすぎ、両親がうとうとしていたころ、娘の閨から突如として、

「痛や」

という叫び声が聞こえてくる。それが三度もつづいたのに、娘の両親は、

「はじめての交わりゆえ、娘が痛がっているのだろう」

と思い、そのまま眠ってしまった。

翌朝、食事の支度ができたというのに、娘たちは起きてこない。両親もようやく不審に思い、娘の閨へ呼びにいった。だが、声をかけても返事がない。やむなく閨に入り、なかをのぞいてみた。

なんとしたことか、そこにあるのは無惨な娘の姿だった。娘の頭と指一本だけが残り、あとは消えていたのである。両親はあまりのことに声を失い、その場にへたりこんだ。

いったい何者の仕業なのか。それに男の姿がないのも奇妙だった。気を取り直してよく見ると、娘の首に牙《きば》で食いちぎったような跡がある。それで思い当たった。

「娘は鬼に食われたのだ」

両親は思わず叫ぶと、泣き伏した。「あの男は人間ではなく、鬼だった。なぜ、娘に近

づけてしまったのか」と自分たちを責め、悔しがった。

なんとも奇怪な出来事だが、平安時代には鬼が人を食う事件があいついだ。たとえば、延喜《えんぎ》元年（九〇一）、左大臣藤原時平《ときひら》らが撰進した史書『三代実録』にも、つぎのような信じがたい怪事件が記録されている。

仁和《にんな》三年（八八七）八月のある夜のことである。大内裏《だいだいり》に、騎射や競馬《くらべうま》などを催す武《ぶ》徳《とく》殿があり、その東側に「縁《えん》の松原」が広がっていた。別に「宴の松原」とも称したが、怪事件はここで起きた。

もともと「縁の松原」は、夜ともなれば人影もなく、不気味な場所だったようだ。『大鏡《おおかがみ》』にも、藤原道隆が弟の道長との肝だめしで、内裏から豊楽院へ向かったものの、途中、その松原のあたりから何者ともわからぬ恐ろしげな声が響いてきた。それに怯《おび》えて逃げ帰った、という話が紹介されている。

さて、八月のある夜、亥《い》の刻（午後十時ごろ）のこと、三人の美しい女たちが縁の松原の西側を、東へ歩いていた。すると、なにをしているのか、松の木の下で一人の男が立っていた。なかなかの美男で、女たちを見ると、松の下から出てきて声をかけた。一人の女を気に入ったらしく、手を取り、なにやら話しはじめた。甘い言葉で口説いたのである。

その女も男に一目惚れをした。男とともに松の木の下に入り、身を寄せていく。ほかの女たちは気を利かせ、少し離れたところでそしらぬふりをしていた。やがて二人の語らいが終わったのか、話し声がまったく聞こえなくなった。

物音もしない。離れていた二人の女たちは訝《いぶか》しげに顔を見あわせ、松の木のところに近づいてみた。あたりをよく見ると、どうしたことか、男の姿はなく、女の手足が折れて地面に落ちている。首や体はどこにも見当たらなかった。

あまりの恐ろしさに身ぶるいしたが、女たちは内裏を警固する宿直《とのい》の者に注進した。宿直の者たちは話を聞き、さっそく松の木のところへ駆けつけたのだが、そこにあったはずの折れた女の手足も消え失せていた。

この怖い出来事は、やがて都中に知れ渡る。世間の人びとは、

「鬼が男に姿を変えて現われ、女を食ったにちがいない」

と噂しあい、怯えたという。

事件の翌日のことである。妖怪を退散させるため、諸寺の僧を招き、転経《てんきよう》を行なわせようとした。しかし、僧たちが朝堂院の東西の廊《ろう》（小部屋）で寝ていると、夜中に突如として騒がしい物音が聞こえてきた。

僧たちは、争って外へ出た。だが、なにごともなかったかのように、あたりはしーんと静まり返っている。

「どうしたことだ」

「なにかあったのか」

僧はたがいに、そういいあった。だれも、自分たちがなぜ外へ出たのかもわからず、気がついたらいつのまにか外にいたのだという。「なにか妖怪にでも操られたのだろうか」と、気味悪がった。

不思議なことに、この八月の一か月だけで、宮中や京内ではこうした妖しい出来事がいくつも取り沙汰された。

そのなかでももっとも衝撃的だったのは、縁の松原で女の手と足だけが残っていた事件だった。そのせいか、『今昔物語集』でも同じ事件を取りあげ、人びとが事件現場に集まって大騒ぎし、「人気のないところで見知らぬ男が声をかけてきたからといって、うっかり心を許し、近寄っては恐ろしい目にあう。よくよく気をつけるべきだ」と、語りあったと伝えている。

平安京の闇の中には、食人鬼がひそんでいたようだ。

2 板や油瓶《あぶらがめ》に化けて命を奪う鬼

平安京にはどこにでも鬼が潜《ひそ》み、ときにはさまざまな姿になって現われ、奇怪な事件を起こした。『今昔物語集』は、つぎのような奇異を伝えている。

夏のころ、ある屋敷で、武術にすぐれた二人の若侍が宿直《とのい》をしていた。さらに屋敷の主人の寝室近くに、もう一人がひかえている。しかし、この男は身分が高かったものの、武術となるとからきしだめで、太刀も小刀もそばに置いていなかった。

夜が更《ふ》けたころ、宿直をしていた二人の若侍がふと外を見た。すると、東の対屋《たいのや》（別棟の建物）の棟のうえに、ふいに一枚の板が速《すみ》やかに出てきた。

「あれはなんだ」

二人はおどろきの声をあげた。一人がいぶかしそうに、

「このような夜更けに、あのようなところから板が出てくるなど、あるはずがない。もし

や、だれかが放火するつもりで、屋根のうえに登ろうとしているのだろうか」

という。もう一人は首を傾《かし》げながら応じた。

「それはちがうだろう。それならば、板を下から立てて登ってくるはずだ。あれは上から板が出ている。なんとしたことか」

見れば見るほど不可解である。そのあいだにも、板はぐんぐんと伸びてきた。七、八尺にもなったろうか。

やがて奇怪なことに、その板はまるで生きているかのように、ひらひらと飛び跳ねるようにして、二人の若侍がいるほうへ向かってくる。不気味なこと、このうえない。

「これは鬼の仕業かもしれぬ」

二人の若侍は太刀を抜き、片膝をついてかまえた。「これ以上近づいたら、斬り捨てるぞ」という気魄があった。

怪しげな板はそれに恐れをなしたのか、二人の若侍に近づくのをやめると、屋根の格子のほんの少し開いている隙間から入り込み、姿を消してしまった。

そこには、例の身分の高い男が一人で横たわっている。まもなく、なにがあったのか、呻《うめ》き声が洩《も》れてきた。しかし、すぐに静かになり、なんの物音もしない。

なにか異変があったのだろうか。二人の若侍はあわててほかの人びとを起こし、怪しげな板の話をしたが、だれもが疑わしそうな顔をしている。そこで灯火をつけ、身分の高い男のところへいってみた。

なんと、その男はぺちゃんこに押しつぶされ、息絶えていた。凄惨な光景に、皆は愕然《がくぜん》となった。ふとわれに返り、灯火を照らしてあたりを見まわしたが、怪しげな板はどこにも見当たらない。

「やはり、あの板は鬼だったのか」

「まさか鬼が板に化けるとは思わなかった」

人びとは口々にいい、恐れおののいたという。鬼が板となって現われ、人を殺すとは、信じがたいことである。しかし、平安京の人びとは疑いもしなかった。

もう一つ、『今昔物語集』は、鬼が油瓶《あぶらがめ》と化し、人を殺した、という出来事を紹介している。

右大臣の藤原実資《さねすけ》は有職故実《ゆうそくこじつ》に詳しく、思慮深いことから「賢人の右大臣」といわれるほどだった。

あるとき、参内した実資が宮中から退出し、大宮大路を南へ向かっていた。すると、なんとも不思議なことに、牛車の前を小さな油瓶が踊りながら進んでくる。

「これは奇怪なことだ。あれは一体、なんだろうか。なにかの物怪《もののけ》か、鬼ではあるまいか」

実資はそう思い、油瓶のあとをついていった。まもなく大宮大路から西へ入り、ある家の門に着いた。しかし、門は閉じられたままである。

見ていると、油瓶は踊りながら、門へ近づいていく。戸の鍵穴からなかへ入ろうとして、油瓶はいくども跳ね上がる。なかなか鍵穴に取りつけなかったが、とうとう鍵穴からなかへ入ってしまった。

油瓶は小さいとはいえ、鍵穴よりはるかに大きい。それにもかかわらず、油瓶が鍵穴に入ったというのだから奇妙である。

実資はそこまで見とどけてから、屋敷に戻った。すぐ人を呼び、油瓶がなかに入った屋敷のある場所を告げ、

「その家でなにごとが起こったのか、さりげなく聞いてまいれ」

と命じたのである。使者はさっそく出かけたが、じきに帰ってきて、

「あの家には若い娘がいて、長いあいだ病のために伏していました。ところが、今日のお

昼ごろ、亡くなったとのことです」

と報告した。実資は暗い顔で聞いていたが、

「やはり、あの油瓶は物怪か、鬼だったのだ。そうでもなければ、小さい鍵穴から入り込み、娘の命を奪うことなどできるものではない」

と思った。物怪や鬼というのは、このようにさまざまな器物に化けて現われることもあった。世の人びとは「あの家にたいして、なにかの怨みがあったにちがいない」と、噂しあったという。

3　染殿后《そめどののきさき》になぜ鬼が取り憑《つ》いたのか

平安前期のことである。文徳《もんとく》天皇の女御で、惟仁《これひと》親王（清和《せいわ》天皇）の生母藤原明子《あきらけいこ》が、鬼のために悩乱するという奇怪な事件が起きた。

明子は太政大臣藤原良房《よしふさ》の娘で、良房邸が「染殿《そめどの》」と称されたことから、人びとは彼女を「染殿后」と呼んでいた。奇怪な事件を伝えているのは『今昔物語集』だが、それによると「きわめて常軌を逸したことだし、憚《はばか》りのあることだが、末の世の人への見せしめとして記した」という。

明子は美貌だったが、幼いころから物怪に取り憑《つ》かれやすく、悩み苦しむことがたびたびだった。文徳天皇の女御となり、子が生まれても病がちで、すぐれない日が多い。

夫の文徳天皇や父の良房は心配し、金峰山《きんぷせん》（奈良県吉野町）に住む聖人を呼び寄せた。

当時、貴人が病にかかったときは、陰陽師《おんみようじ》や僧に平癒祈禱を行なわせるのがふつうだったのである。

聖人は染殿后を見るなり、侍女に憑いた物怪が悪さをし、后を患わせていることを見抜いた。さっそく加持祈禱を行ない、侍女から物怪を追い出し、后を平癒させた。天皇や良房が喜んだのはいうまでもない。

ところが、その聖人はあろうことか、染殿后に恋こがれ、あげくの果てに后の寝所へ忍び込んでしまったのだ。夏の日のことで、后は薄物をまとっているだけだったから、聖人の情欲を煽《あお》り立てたのだろう。

染殿后は驚愕し、抵抗したが、聖人はそれを押さえつけ、思いを遂げようとした。だが、女官たちがその物音に気づき、大騒ぎする。さらに侍医の当麻鴨継《たいまのかもつぐ》が駆けつけ、聖人を捕えて獄に入れた。

しかし、聖人の染殿后への恋慕は強く、自分を制御できず、乱心してしまった。獄のなかでも、

「このうえは、鬼となって后と睦《むつ》むしかない」

といいながら、一日中、泣きつづけた。

良房は、それを聞いて不快に思った。加持祈禱によって后の病を治したことだし、その

功に免じて聖人を放免したのである。

聖人は意気消沈し、金峰山へ戻っていった。だが、聖人の心はいっこうに晴れない。それどころか、染殿后への思いはさらに強まっていく。

「鬼になるのだ。鬼になれば、后と睦みあえる」

そう思い、聖人は食を断ちつづけた。ついに息絶えたのは、十日余りのちのことである。しかし、それと同時に、なんと鬼になって蘇《よみがえ》ったのだ。鬼と化した聖人は、さっそく染殿に忍び込み、后のいる几帳《きちょう》（布を垂れさげて室内を仕切る道具）のそばに現われた。

その鬼の姿はまがまがしく、じつに恐ろしい。『今昔物語集』によると、こんな様子だった。

「身の丈は八尺（約二・四メートル）ほどもあり、肌の黒いこと、黒漆を塗ったようだった。目は鋺《かなまり》（金属製の碗）のように鋭い。口は大きく、剣のような歯がはみ出している。また、赤い裕衣《たふさぎ》（短い股引）をつけ、腰には槌《つち》を差していた」

世にも恐ろしい鬼である。その鬼が現われると、女官たちは逃げまどった。だが、鬼は女官たちには目もくれず、染殿后へ近づいていく。

鬼は不思議な力で、后の心をとろかせ、自分の意のままに操る。后は鬼を臥所《ふしど》に招き入れると、あられもなく褥《しとね》に身を横たえた。鬼と后は添寝し、睦言を交わすのである。やがて鬼は、日暮れとともにいずこともなく立ち去っていく。こうしたことが毎日つづいた。

天皇と良房は、后が妖魔に誑惑《きようわく》されたことにおどろき、激怒した。すぐさま、僧に加持祈禱を行なわせたものの、まったく利き目はない。そればかりか、鬼はかつて自分を捕えた当麻鴨継とその息子を蹴り殺してしまったのである。

やがて、鬼が姿を見せなくなり、染殿后の気分もよくなってきた。天皇はそれを聞いて喜び、染殿へ出かけて、后を見舞った。なごやかな后の顔を見ながら、しばらくとりとめもない話をしていたのだが、やがてあたりの空気がふいに変わった。

なんとしたことか、大勢の家来が見ているというのに、片隅から突如として鬼が躍り出てきたのである。しかも、鬼は后のいる御帳《みちよう》のなかに入り込んだ。御帳は御帳台ともい い、室内に高い床をつくり、そのうえに畳二枚を敷き、四隅に柱を立てて帳《とばり》をかけ、内部に几帳を配してある。貴人の寝所などに使った。

鬼と后はそのなかで、いうにいえない見苦しいことを、だれはばかることもなくしつづけたのである。天皇はなすすべもなく、「なんとあさましいことだ」と嘆き、泣く泣く帰っていった。

天皇の尊厳をも無視した妖魔の出来事は、異様というしかない。だが、これは『今昔物語集』が記しているだけでなく、『扶桑略記《ふそうりゃくき》』にもその後の話が出てくる。

元慶《がんぎょう》二年（八七八）九月二十五日、清和上皇（元慶元年、陽成天皇に譲位）は、生母染殿后の五十歳の誕生を祝うため、学者や高僧らを集めて三日間、盛大に法華経を講じ、さらに公卿、諸官を参集させ、賀宴を開いた。その席上、衆人環視のなか、やはり怪しい出来事が起きた。

「染殿后の前に膝で進み、二度繰り返して礼拝し、祝いの言葉を述べた。しかし、后は恍惚として、心ここにあらずという様子だった。染殿后のそばには、鬼がいる。あたかも夫婦のような親しさを見せ、盃の応酬のあいだ、鬼は染殿后とたわむれ、たがいに楽しんでいた。清和上皇はこれを見て大いに憎み、嘆いた」

これが事実なら前代未聞の怪事だし、目撃した人びともあまりの異様さに、声を失ったにちがいない。

事件の背景に政治的陰謀があった、とも考えられる。藤原良房は天安《てんなん》元年（八五七）、五十七歳で太政大臣という人臣最高の位についた。その手はじめに、娘の明子《あきらけいこ》を皇太子道康《みちやす》親王の女御として入内させたが、明子は嘉祥《かしょう》三年(八五〇)に惟仁《これひと》親王を生む。良房の外孫だ。

道康親王は同じ年、皇位を継いで文徳天皇となったが、まもなく生後九か月の惟仁親王が皇太子に立てられる。これは良房の工作だった。ところが、天安二年、文徳天皇が三十二歳で急死したため、まだ九歳の惟仁親王が即位し、清和天皇となった。天皇が幼いので、外祖父の良房が執政として政権を握ったのである。

急速に出世していく良房に、反感を抱く者は少なくない。そうした反良房の連中が染殿后の密懐《みっかい》(情事)を知り、「染殿后は鬼に誑惑された」と、フレームアップして広めた、と考えられなくもない。

しかし、染殿后が文徳天皇と死別したとき、まだ三十歳の若さである。それ以来、長いあいだ孤閨《こけい》を守っているうちに、欲求不満が高じてヒステリー症状に陥り、異常な行動をとるようになった、という可能性もある。まして怨霊や物怪が跋扈《ばっこ》していた時代のことだ。良房にたいする怨嗟や鬱憤《うっぷん》が鬼となって、病弱な染殿后に取り憑いたとしても不思議ではなかった。

4　女に化けた鬼の恐怖

美女に変じた鬼が、平安京の闇のなかで跋扈《ばっこ》していた。

ある夜、源頼光《よりみつ》の四天王の一人とされる渡辺綱《つな》にその鬼が美女となって近づき、襲うという事件が起きた。綱は逆に、鬼の片腕を斬り落としたが、しかしそれで決着したわけではない。こんどは、鬼がその腕を取り戻しにくるのだ。

渡辺綱はむろん実在の人物で、天暦《てんれき》七年（九五三）、嵯峨《さが》源氏の流れをくむ箕田《みのだ》源氏宛《あつる》の子として生まれている。のちに源満仲《みつなか》の婿である敦《あつし》の養子となり、養母が摂津《せっつ》国渡辺（大阪市北区南部、中央区北部のあたり）に住んでいたことから、それにちなんで渡辺姓を名乗った。

後世、この地で武士集団が結成され、渡辺党と称したが、渡辺綱はその祖とされる。万《まん》寿《じゅ》二年（一〇二五）、綱は七十三歳で没した。

事件というのはこうだ。あるとき、綱は主君の源頼光にいいつかり、一条大宮のほうへ使いに出た。しかし、夜の暗闇のことだから、いつ何者かに襲われないともかぎらない。そこで綱は、用心のために頼光から「鬚切《ひげきり》」という名刀を借りて腰につけ、馬に乗って出かけた。

無事に役目を果たした帰途、綱は一条堀川《いちじょうほりかわ》の戻橋《もどりばし》へとやってきた。一条大路にある橋だが、かつて学者の三善清行《みよしきよゆき》が没し、その葬列がこの橋にさしかかったとき、熊野《くまの》（和歌山県）から帰ってきた息子が遭遇する。悲しみのあまり、息子が棺に取りすがって、天に祈った。すると、清行が一時的に蘇生したので、戻橋といわれるようになったという。

綱が戻橋の近くまできたとき、橋の東詰に二十歳ほどの女がたたずんでいた。女の肌は雪のように白く、紅梅の打掛をまとっていて、じつに美しい。それにしても夜中なのに供の者もつれていないし、なにかいわくありげにも見えた。

渡辺綱は女に近づき、

「どちらへいくのですか」

と声をかけた。女は心細そうにして、綱に頼み込む。

「五条あたりへまいるところですが、夜が更けたので怖くてなりません。近くまで送っていただけないでしょうか」

「よかろう」

綱はそういうなり、女を抱きかかえて馬に乗せ、堀川の小路を南へ向かった。しばらく進み、もうすぐ五条のあたりというところまできたとき、女が綱にいった。

「じつは、五条のあたりにはさしたる用事もありません。わたしの住まいは都の外にあるので、そこまで送っていただけるとありがたいのですが」

気のいい綱は「承知した」といい、馬を進めようとした。ところが、その途端、女は恐ろしげな鬼に変じてしまったのである。鬼は、

「わがゆく先は愛宕《あたご》山だ」

というと、綱の髻《もとどり》をがっちりとつかみ、愛宕山のほうへと飛んでいこうとした。

綱は一瞬おどろいたものの、すぐに落ち着きをとり戻し、頼光から借りた名刀「鬚切」を抜き放つやいなや、鬼の腕に斬りつけたのである。

鬼が悲鳴をあげるのと同時に、切り離された鬼の腕は、綱の髻をにぎりしめたまま宙を飛ぶ。綱は北野《きたの》神社（京都市上京区）の回廊の屋根に、どすんと落ちた。一方、片腕を失った鬼は憤怒の形相をして、愛宕山へと飛び去った。

綱は回廊の屋根から飛び降り、髻にとりついた鬼の腕を取りはずし、しげしげと見た。若い女に見えたときは雪のように白い肌だったのに、いまは色黒く土のようだ。しかも、白い毛が全面に生え、その先端は針のようにちくちくする。

綱は鬼の腕をもって帰り、主君頼光にそれを見せた。

頼光はおどろき、陰陽師の安倍晴明を呼んで善後策を相談する。そのころ、晴明は平安京第一の陰陽師といわれていたが、頼光からことの子細を聞くと、さっそく占い、

「災難を避けるためには綱に七日の暇をあたえ、慎ませるがよい」

と告げた。頼光はそのとおり綱に命じ、鬼の腕は箱に入れて、晴明に封じさせた。

綱は命じられたまま、七日間の物忌《ものいみ》に入った。六日目の夜のこと、老女が訪ねてきて戸を叩く。「だれですか」と問うと、「綱の伯母ですよ」と返事があったが、物忌が明けないことには人に会うこともできない。

「もう一日待ってください」

綱は事情を話して頼んだ。ところが、老女はあきらめきれないのか、さめざめと泣きながら哀願した。

「むかし、あれほど世話をしてやったのに、なんと薄情な……恩を忘れてしまったのか。

羅城門遺址

ぜひとも一目会いたい」

たしかに老女がいうのも、もっともなことである。綱は「大事な物忌だが、追い払うのはしのびない」と思い、やむなく門を開いて老女を招き入れた。

いろいろ話をしているうちに、綱はつい、老女に鬼の腕を斬り落としたことを話してしまったのである。

「鬼の腕というのは、いかなるものなのですか。話には聞くけれども、見たことがありません。見せてください」

老女は興味を示して、綱にせがむ。

「じつは厳重に封をしてあるので、いまは無理です。七日の物忌がすんだあと、必ず見せてあげますから」

綱はそういうのだが、老女は、

「わたしは年老いたる身ゆえ、またここにやってくるのは容易なことではありません。この機会にぜひ、鬼の腕とやらを見せてください」

と、不満げにいいつのる。綱は「仕方がないか」と思いつつ、封をした箱を開け、鬼の腕を取り出してみせた。

老女はそれを手にとり、しげしげと眺めたすえに、

「これはわが腕なれば、取っていくぞ」

というと、あっというまに恐ろしげな鬼に変じた。腕をつかんだ鬼は、破風《はふ》から飛び去り、いずこともなく姿を消した。

これは『平家物語』が伝える奇怪な出来事だが、同じような話は『太平記《たいへいき》』や『古今著聞集《ここんちょもんじゅう》』などにも紹介されているから、渡辺綱は鬼の腕を持ち帰った勇者として広く知れ渡っていたのだろう。

鬼といえば、能の『羅生門《らしょうもん》』がよく知られている。ここでは、渡辺綱が羅生門にすむ鬼と出会い、腕を斬り落とす。

大内裏は平安京の北にあり、そこから南へ朱雀大路《すざくおおじ》が貫通し、その南端にあったのが羅生門（羅城門）である。羅生門は平安京の正門で、そこから外は洛外ということになる。二重の楼閣をもつ、瓦葺きの立派な門だったが、しだいに荒れ果て、

「羅生門には鬼がすみ、通りかかった人を捕えて食う」

と怖がられていた。『羅生門』の話は、そうしたことから、一条戻橋より羅生門のほうが恐ろしげな場所だったため、舞台を移してつくられたもののようだ。

5　赤子を狙う山科《やましな》の鬼女

平安京の郊外、山科《やましな》（京都市山科区）に鬼女が出たという事件もあった。それは『今昔物語集』に、つぎのように伝えられている。

ある若い女が屋敷奉公をしていたが、彼女の両親はすでに亡く、親類や知人もいない。訪れるところもないので、自分の部屋に引きこもっているしかなかった。そのため、いつも心細い思いをしていた。

やがて定まった夫もいないのに、懐妊してしまった。それに気づいた彼女は、

「たいへんなことになった。主人の屋敷で産むわけにはいかないし、どうしたものか」

と嘆いた。仕えている主人に話そうかと思ったものの、恥ずかしくていい出せない。彼女はやむなく、そのときがくれば、どこかで産むしかないと覚悟を決めた。

しかし、産む場所は考えておかなければならない。彼女はよく考えたすえ、

「産気づいたときには、一人だけ使っている少女をつれて、どこか深い山のなかに入り、木の下で産もう。もし死んだら人に知られずにすむし、もし命が助かれば、なにごともなかったような顔をしてお屋敷に戻ろう」

と心に決めたのである。それ以来、彼女はさりげなく振舞い、ひそかに食物などを用意した。少女にもよくいい聞かせ、他言を禁じておいた。

ある日、まだ暗いうちに産気づく。彼女はかねて用意してあったものを少女にもたせ、急いで屋敷を出た。夜が明けぬうちにと、京の町から東へ歩いたが、鴨川《かもがわ》の河原に出たところで夜が明けた。彼女はどこへいけばよいのかと迷い、不安にもなったが、歩きつづけて粟田口《あわたぐち》（京都市東山区）から山深く入っていった。

やがて北山科《きたやましな》に出たが、よく見ると、崖のそばに古びて壊れかけた家がある。彼女が近づいてみたところ、人が住んでいる気配はない。

「ここで産み、子供は捨てていこう」

彼女はそう思いながら垣根を越え、なかに入った。放出《はなちいで》（母屋につづけて外へ建て出した建物）の間にあがり、板敷にすわって休んでいると、奥から足音が近づき、白髪の老女が現われた。「追い出されるにちがいない」と思ったが、老女は笑《え》みを浮かべ、やさしい言葉をかけてきた。

「思いがけぬお出《い》でですが、なぜここへお出でございますか」

そのやさしさにほだされて、女は泣く泣く事情を話した。じっと聞いていた老女は、

「それはまあ、なんとお気の毒なこと……。どうぞ、ここでお産をなさってください」

といい、奥の部屋へ入れてくれたのである。老女は敷物を敷いてくれたので、女はなんとか無事に子を産むことができた。老女は「おめでとうございます」と祝い、供の少女に湯を沸かさせ、産湯もつかわせてくれた。さらに、こういうのである。

「わたしは年寄りで、こんな片田舎に住んでいる身ですから、お産があっても物忌《ものいみ》はいたしません。あなたも気がねなく、物忌の七日間はここですごし、それからお帰りなさい」

女はうれしくなり、その言葉に甘えた。子供は捨てようと思っていたのに、かわいい男の子だったので、捨てる気にはなれず、乳を飲ませて添い寝をした。

ところが、二、三日すぎたころのことである。女が子供のそばでうたた寝をしていると、老女がじっと子供を眺めながら、

「なんとうまそうな。ただ一口じゃ」

とつぶやいた。女は夢心地に、その声を聞いたような気がして、そっと薄目をあけて見

た。老女はいつになく恐ろしく、不気味な妖気がただよっている。

その場はなにも起こらなかったが、女は、

「さては鬼だったのか。このままでは、わたしまで食べられてしまう」

と恐怖におののいた。なんとか逃げ出さなければならない。女はそう決心すると、老女が昼寝をしているあいだに、子供を少女に背負わせ、自分も身軽な姿で逃げ出した。

きた道をひたすら急ぎ、粟田口から鴨川の河原を渡る。近くの人家に立ち寄り、着替えなどをしてから、日暮れになるころ、主人の屋敷へ帰り着いた。

産んだ子供は人に預け、養育してもらったが、その後、老女がどうなったかは、だれも知る者はいない。老女が本当に鬼だったとすれば、危うく母と子が犠牲になるところだった。女がのちに年を取ってから人に話したというが、聞いた人びとは怖がり、ふるえたにちがいない。

『今昔物語集』はこの奇怪な出来事を紹介したあと、こう記している。

「それにつけても、このような古びた家には、必ず鬼などが住みついているものだと思わなければならない。老女が赤子を見て〝なんとうまそうな。ただ一口じゃ〟といったのは、正体が鬼であることのなによりの証拠。こうした怪しいところには、一人では決して立ち入ってはならない」

華やかに思える平安京だが、人里離れたところには、鬼がひっそりと棲《す》み、たまにやってくる人間を食っていた。

6　冥土《めいど》へ行き、生き返った女の不思議

平安京以外の土地でも、奇怪な出来事が起きている。讃岐《さぬき》国山田郡（香川県木田郡）でのことだが、ある女が冥土へいったものの、その魂が戻ってきてほかの女の体につく、という怪事件があった。『今昔物語集』も取り上げているから、当時、広く知られていた事件かもしれない。

そのころ、重病人が出ると、地獄からの使者に供《そな》えるため、門の左右に食物を置いておくという習慣があった。このようにすれば、疫病神をもてなしたことになり、病気を治してもらえる、と信じられていたのである。

讃岐国山田郡の女の家でも、女が重い病にかかると、さっそくさまざまな美味の料理をつくり、門の左右に出しておいた。

やがて地獄からの使いの鬼がやってきて、重病の女を呼び出した。しかし、鬼は冥土か

ら急いでやってきたために疲れていたし、腹もすいていた。そこで鬼は、門の左右に置かれた料理につい手を出し、むしゃむしゃと食べてしまったのである。鬼は女をつれていこうとしたが、途中でためらった。

「先に御馳走を食べてしまったので、このままつれていくのは、なんだか気がとがめる。おまえと同姓同名の女がほかにいれば、御馳走の恩返しにその女をつれていってもいいのだが」

女はどうしてそうなるのか、わからないまま、「讃岐国の鵜足郡《うたり》（香川県綾歌郡《あやうた》）に同姓同名の女がいます」と答えた。

鬼はそれを聞くと、山田郡の女を許し、鵜足郡へ飛んでいった。そこには、たしかに同姓同名の女がいる。鬼はその女を呼び出し、つれ去った。一方、許された山田郡の女は家に帰り、すぐ生き返った。

ところが、閻魔王《えんまおう》は鬼がつれてきた鵜足郡の女を見るなり、「おまえは人ちがいをしたな」と、鬼を叱りつけた。

「これは、わしが呼び出した女ではない。もう一度娑婆《しゃば》にいき、山田郡の女をつれてくるのだ」

命じられた鬼はやむなく、また山田郡へ出かけ、女をつれてきた。

「この女だ。わしが呼び出したのは……。まちがってつれてきた鵜足郡の女は、もとの家に帰してきてくれ」

閻魔王にいわれたとおり、鬼は女を鵜足郡の家に帰しにいった。ところが、女の亡骸《なきがら》はすでに火葬にされたあとである。女は戻るべき肉体がないので、冥土へ引き返し、閻魔王に苦情をいった。

「せっかく娑婆へ帰してもらったのに、戻るべき体がありません。わたしはどうしたらいいのですか」

閻魔王はしばらく考えていたが、使いをした鬼を呼んでたずねた。

「山田郡の女の亡骸《なきがら》は、まだそのままになっているのか」

「はい。まだあります」

鬼は返事にうなずくと、閻魔王は鵜足郡の女に向かって、

「おまえに山田郡の女の亡骸をあたえる。それをおまえの体として生きよ」

といったのである。

鵜足郡の女は正直なところ、事情が飲み込めぬまま山田郡につれていかれ、女の亡骸に

入って息を吹き返した。ところが、鵜足郡の女にはどうにも居心地が悪い。

「ここはわたしの家ではありません。わたしの家は鵜足郡にあります」

突如としてそういうものだから、「娘が生き返った」と喜んでいた両親はおどろき、うろたえた。

「なにをいい出すのやら。おまえの家はここにまちがいない。忘れてしまったのか」

やさしくいい聞かせたものの、女は首を振るばかりだった。

それからまもなく、女はふいに家を飛び出し、鵜足郡の家へ向かった。家が見えると、懐かしさがこみあげてくる。しかし、両親は見知らぬ女がやってきたので、訝《いぶか》しげに見ていた。女は家に近づきながら、

「ここがわたしの家です。お父さん、お母さん……」

といったので、両親はびっくりしてしまった。

「ちがうよ。おまえは、どこのだれなんだね。うちの娘はもう火葬にしてしまったから、娘はいないんだよ」

女は落胆して、また冥土へいった。閻魔王に訴えたあと、戻る場所は鵜足郡の家しかないと思い、ふたたび鵜足郡の家を訪れ、両親と話しあった。

当初、両親はなかなか信じようとしなかったが、両親が生前の娘のことをたずねると、女は実際にあったとおり、まちがいなく答える。赤の他人なら知るはずのないことまで正確に話すので、両親もようやく信じるようになった。

「体は娘とちがうが、心はまさにわが娘だ」

両親はそう思い、それ以来、この娘を大事にしてかわいがった。一方、山田郡の両親にしてみれば、心は鵜足郡の娘かもしれないが、体はまぎれもなくわが娘である。かわいいという思いに変わりがなかった。

このため、娘は双方の両親のもとで交代に暮らしたという。しかし、このようなことがあったとは信じがたい。また、鬼といえば人を食うとか、悪事を働くものと思われがちだが、そうではない鬼もいた。これだけでも人びとをおどろかせるのに充分だった。

第3章 超能力者・陰陽師の怪事件

1 小野篁《おののたかむら》は、本当にあの世と往来できたのか

平安前期の官人で学者、歌人として知られる小野篁《おののたかむら》には、奇怪な逸話が残っている。なんと、あの世へ往来して、閻魔王の手伝いをしていたというのだ。これが事実なら、小野篁は超能力者ということになる。

文章の天才ともいわれたが、それについて、『宇治拾遺物語』などは、つぎのような話を紹介している。

嵯峨《さが》天皇のころ、何者の仕業か、内裏《だいり》の門に「無善悪」と書いた札が掛けられた。一体どのような意味なのか、読める者はいない。天皇は、学者として著名な篁を呼び出し、それを読んでみるよう命じた。

「読むことは読めます。しかし、畏《おそ》れ多いので、意味を申し上げることはできません」

篁は遠慮がちにいい、辞退した。だが、天皇は、

「読めるのであれば、読んでみせよ」

と、いくどもうながす。やむなく、篁は意味を話した。

「わかりました。〃悪〃とは悪性、すなわち〃さが〃のことで、これは〃さがなくばよからん〃と読みます。すなわち、帝を呪《のろ》った言葉でございます」

さがなくばよからん――嵯峨天皇がいなければ、どれだけよいか、というのだから怒って当然である。それを聞いた天皇は、

「これは、おまえが書いたにちがいない。そうでなければ読むことはできぬはずだ」

と、語気を荒くした。篁はうろたえ、弁解する。

「わたしではありませぬ。ですから最初に、畏れ多いので申し上げることができない、と申し上げたのです」

「それならおまえは、他人の書いたどんな言葉でも読めるというのだな」

「はい」

篁がうなずいたところ、天皇は「子子子子子子子子子子子子」と、十二の子の字を書きつらね、「これを読んでみよ」と命じたのである。篁は即座に、

「ねこの子の子ねこ、ししの子の子じし」

と読んだ。天皇は笑い出し、この場はなにごともなくすんだという。

延暦《えんりやく》二十一年（八〇二）、参議小野岑守《みねもり》の子として生まれた篁は、たしかに博学多才だし、詩文に長じていた。だが、若年のころは学問など見向きもせず、弓や馬に熱中した。

嵯峨天皇が嘆いていると聞き、篁は心を入れ替え、学業に励んだ。

弘仁《こうにん》十三年（八二二）、文章生の試験に合格し、大内記や蔵人《くろうど》、式部少丞、大宰少弐《しように》などを歴任、天長《てんちょう》十年（八三三）には養老令の注釈書『令義解《りょうのぎげ》』を撰進している。

その三年後の承和《しょうわ》三年（八三六）、篁は遣唐使の副使に選ばれ、渡唐しようとしたが、暴風雨のために破船し、果たせなかった。さらに翌年も失敗。承和五年（八三八）、三度目の出発にさいし、篁は大使藤原常嗣《つねつぐ》と争い、仮病を使って乗船しなかったのである。

このため、嵯峨上皇の怒りに触れ、翌年、隠岐へ配流された。篁は三十八歳。乗船を拒んだこともさることながら、篁が『西道謡《さいどうよう》』という詩をつくり、遣唐を誘《そし》ったことが上皇を激怒させた。

その後、承和七年に赦され、翌年、本位に復したあと、刑部大輔、蔵人頭などと昇進し、承和十四年（八四七）には参議、仁寿《にんじゅ》二年（八五二）には左大弁となったが、その年、五十一歳で病没した。

小野篁遺址

ところで、『今昔物語集』は、篁が冥土の役人として活躍し、右大臣藤原良相《よしみ》の命を助けた話をのせている。

篁が嵯峨上皇に処罰されるとき、当初は死罪とされたのだが、藤原良相が弁護し、配流となった。篁が隠岐から帰ってきたのちのことだが、その良相が重病にかかり、ついに死んでしまった。

良相は閻魔王の使者に捕えられ、閻魔王の前に引き出される。生前の罪を糾弾されるためだが、その場に篁もすわっていた。篁は、かつて良相に助けられたことがあり、その恩義を忘れてはいない。引き出された良相を見て、篁は閻魔王に、

「この日本の大臣は心うるわしく、立派なことを行ない、世のためには必要な人物です。このたびの罪はぜひ、わたしに免じ、赦していただきたい。お願いします」

と、良相を弁護し、赦免を懇願したのである。

閻魔王は篁の願いを聞き入れ、良相を娑婆へ戻す。こうして良相は生き返った。うれしいのは当然だが、閻魔王のところに篁がいたのは奇怪である。篁は人間であって、人間ではないのだろうか。

良相はあるとき、篁に再会した。助けてもらった礼を述べ、つい不審に思っていたこと

をたずねた。

「冥土では助けてもらい、かたじけない。しかし、なぜ篁殿は、あのようなところにいたのですか。あまりにも不思議で、わたしにはわからない」

「先年、わたしも助けていただきました。それがうれしかったので、弁護したまでのことです。このことは他言無用に……」

篁はそういうだけで、なぜ冥土にいたのか、話そうとしなかった。しかし、こうしたことは自然に噂にのぼるものである。やがて人びとは、

「小野篁という人は、閻魔宮の臣として冥土へ往来している」

といって恐れたという。

冥土は死の世界だから、ふつうは冥土へいけば二度と帰ってはこられない。たまに生き返って臨死体験を語る人もいるが、こうした人はまれである。だが、篁はいくども冥土へ往来したのだという。信じがたいことだが、篁にそうした超能力があったのだろうか。

2 鉢を飛ばして食べ物を得る浄蔵《じょうぞう》

参議三善清行《みよしきよゆき》の息子に浄蔵《じょうぞう》という僧がいた。延喜《えんぎ》九年(九〇九)、左大臣藤原時平が菅原道真の怨霊に苦しめられ、病に伏せったとき、怨霊調伏の祈禱をした僧である。

浄蔵は七歳のときに出家。十二歳で宇多法皇の仏弟子となり、比叡山で受戒し、天文や易道、医学、加持祈禱などさまざまな才能を発揮した。超能力者だったといってよいが、そうした逸話も少なくない。

天暦《てんりゃく》年間(九四七~九五七)のころ、浄蔵は八坂《やさか》の坊に住んでいたが、ある夜、八坂の坊に数人の強盗が乱入してきた。

彼らは火をともし、剣を抜き、目を怒らしていたが、ふいに立ったまま固まったかのように、動こうとしなくなった。さらに言葉を失い、ものをいわなくなったし、まるで失心したように茫然として、顔もこわばったままだ。

じつをいうと、浄蔵が盗賊たちを呪縛したのである。それから長い時間がすぎ、まもなく夜が明けようとするころ、浄蔵は本尊に向かって、

「早く赦《ゆる》してあげてください」

と祈った。すると、呪縛が解け、盗賊たちはやっともとの状態に戻り、浄蔵に非礼を詫びて立ち去った。

これは『古事談《こじだん》』にのっている出来事だが、盗賊を呪縛するとは奇怪きわまりない。浄蔵は、このように超能力者だった。

浄蔵はまた、飛鉢《とびはち》の法を自在に使うことができた。飛鉢の法というのは、ある目的地へ鉢を飛ばし、そのなかに物を入れて運ぶ、という呪術だが、なんとも便利な術があったものだ。『古事談』は、浄蔵が比叡山にいた若いころ、飛鉢の法を使っていたことを紹介している。

当時の浄蔵は毎日、鉢を飛ばして必要なものを手に入れ、暮らしていた。しかし、どうしたわけか、三日間も空《から》の鉢が戻ってくる。これは奇妙なことだし、暮らしにもこと欠くので困惑した。

なぜ、鉢のなかになにも入っていないのか。浄蔵はその理由を知ろうとして、四日目、

鉢が戻ってくる方角の山の峰を見つづけていた。やがて、鉢は物を入れ、王城のほうから飛んでくる。ところが、北のほうから別の鉢が飛んできて、浄蔵の鉢のなかから移し取ると、飛び去っていった。

別の鉢が浄蔵の鉢から物を掠《かす》め取っていたのである。これには、さすがの浄蔵も怒った。自分の鉢に加持を行ない、これを道案内として犯人さがしに出かけた。

ときには雲が眼下に見えたり、霧が立ちこめてきたりする。そうしたなかを、ひたすら北へ向かって歩きつづけた。二、三百町（約二十二～三十三キロ）も歩いたと思われるころ、谷間に川が流れているのが見え、そのほとりに方丈の草庵があった。

松風がもの寂しく吹き、砌《みぎり》（軒下の石を敷いたところ）には苔が生え、趣の深いところである。いかにも住み心地がよさそうに思えた。

浄蔵は草庵に近づき、なかをのぞくと、一人の老僧が脇息《きょうそく》（肘《ひじ》かけ）に寄りかかり、読経していた。だが、とうてい普通の人間とは思えぬ気配がただよっている。浄蔵は「鉢のなかの物を掠《かす》め取ったのは、この老僧の仕業なのか」と思い、疑いの目を向けた。すると、老人はふいに振り向き、

「どなたかな。ここはめったに人のこないところじゃが」

と声をかけてきた。浄蔵はいきさつを話した。

「わたしは比叡山に住む行者ですが、生きる術がないので、鉢を飛ばしながら暮らしておりました。ところが、この二、三日、鉢を飛ばしても、途中で奪われたらしく、空のまま戻ってくるのです、それで訴えるために、こうしてやってきました」

老僧はそれを聞き、困った顔をしたが、

「それは気の毒なことじゃ。だが、わしはそんなことがあったとは、まったく知らぬ。ちょっと調べてみよう」

といい、小声で人を呼んだ。

姿を現わしたのは、唐装束を身につけた天童だった。天童というのは、護法の鬼神などが少年の姿をして人間界に現われたものである。老僧は天童の顔を見てすべてを悟ったらしく、きびしい口調で天童にいった。

「この方が話されたことは、おまえの仕業にちがいあるまい。気の毒なことをしたものじゃ。今後はしてはならぬ」

天童は申し訳なさそうに頭を下げ、退いていった。

「これからは、もう鉢の物がなくなることはあるまい」

老僧の言葉を聞き、浄蔵は納得して帰ろうとした。だが、老僧は引きとめる。「はるばると遠くからこられたので、お疲れになったのではないかな。少しばかりだが、馳走《ちそう》を差し上げよう」

といい、また人を呼んだ。現われた天童に「この方に、なにか適当な食べ物をもってきてくれ」と命じると、天童は瑠璃《るり》の皿に盛った唐梨《からなし》（赤いりんご）を運んできた。

浄蔵は空腹だったこともあって、すすめられるままに唐梨を食べた。天の甘露とは、このようなものをいうにちがいない。浄蔵はそう思った。たちまち身が涼しくなり、疲れも消えてしまったのだ。

浄蔵はこうして比叡山へ帰ったが、それからというもの、飛ばした鉢が空で戻ってくることはなくなったという。

強盗を呪縛したり、鉢を飛ばして食べ物をうるなど、この時代には不思議な超能力者がいたのである。

3　道賢《どうけん》が冥土をめぐったのは本当か

菅原道真《みちざね》失脚事件のとき、反道真派の藤原時平《ときひら》に加担し、道真に政界引退を勧めたのが文章博士の三善清行《みよしきよゆき》である。清行には、僧になった道賢という息子がいた。『扶桑略記《ふそうりやっき》』は天慶《てんぎょう》四年（九四一）三月の条で、『道賢上人冥途記』を引用し、道賢があの世をめぐったという不思議な出来事を紹介している。むろん、あの世へいくのは死を意味するから、普通は現世に戻ってくることができない。道賢は超能力者だったのか。それとも、臨死体験をしたにすぎないのだろうか。

当時は関東で平将門の乱があり、瀬戸内海では藤原純友が沿岸を荒らしまわる。平安京では疫病が流行し、「道真の怨霊の祟り」などといわれ、人びとのあいだに不安が広まっていた。

そのような状況のなかで、公卿たちは身の安全をはかるために費用を出し、僧の加持祈禱に頼った。一方、僧たちは山林で修行に励み、呪法の能力を高めて、公卿たちの需要に応えようとした。

道賢もそうした僧の一人である。生年ははっきりしないが、延喜五年（九〇五）ごろとされ、十二歳で出家し、金峰山《きんぷせん》（奈良県吉野町）の椿山寺《ちんざんじ》や東寺で修行した。ところが、天慶四年、道賢はじつに不思議な体験をする。八月二日のことだが、金峰山で無言断食の修行をしているうち、突如、高熱を発して体が硬直し、呼吸困難となって気を失い、まもなく息絶えた。

道賢の霊魂は、肉体から離脱して冥界へいく。いつのまにか姿を現わした僧に案内され、冥界の金峰山へつれていかれるのだが、そこで菅原道真と出会うのだ。道真は道賢にこう告げる。

「わたしは菅相公《かんのしょうこう》だが、いまは太政威徳天《いとくてん》と呼ばれている。これからわたしが住む大威徳城を、そなたに見せてやろう」

道真はそういうと、道賢を白馬に乗せて数百里の天空を走り、巨大な王城へつれていった。そこで道真はこう語る。

「わたしは怨みから、疫病や災厄、天変地異を起こし、この国を滅ぼそうと思ったが、菩薩たちが慰めてくれるので、祟りはしなくなった。それでも、十六万八千の悪神、眷属《けんぞく》がいて、災難を起こしている。だが、わたしの形像をつくり、名号を唱えて心から祈れば、決して祟ることはない」

さらに道真は、道賢に「いまから名を日蔵と改めるがよい」という。道賢は金峰山に戻り、蔵王菩薩に道真から聞かされたことを話した。すると、菩薩は、

「延喜王《えんぎ》（醍醐《だいご》天皇）が身体六腑を焼かれて死んだのは、道真の配流を認めたからだ。延喜王はいま、地獄の苦しみにあえいでいる。そなたに、その様子を見せてやろう」

といい、道賢を地獄につれていった。

たしかに醍醐天皇は、地獄で苦しんでいた。『太平記』はその様子を、

「鉄窟苦所《てっくつくしょ》というところへいってみると、鉄湯のなかに玉の冠をつけ、天子の姿をした罪人がいた。手をあげて招くので、近づいてみると醍醐天皇だった」

と記している。鉄湯は鉄が熱せられて溶け、液状となったものだが、そのような鉄湯に入れば、一瞬のうちに燃え、姿はなくなってしまう。なんともすさまじい。これはあくまでもたとえで、それほどの苦しみを受けているということなのだろう。

醍醐天皇はそのとき、道賢に、

「わたしは寛平《かんぴょう》（宇多《うだ》）法皇の子だが、在位中に犯した罪の報いで、このように鉄窟地獄に落ちた。その罪とは、藤原時平の讒言《ざんげん》を信じ、無実の菅丞相《かんのしょうじょう》（菅原道真）を配流したことだ。そなたは、まもなく蘇生されるだろうが、どうかこのことを主上（朱雀天皇）に伝え、わたしの罪業消滅のために、法要を営むように頼んでほしい」

と涙ながらに訴えた、という。

道賢は醍醐天皇に帰路を教えてもらい、八月十三日に息を吹き返した。この話は『太平記』のほか、『十訓抄《じっくんしょう》』や『沙石集《しゃせきしゅう》』などにも伝えられている。

道賢は八月二日からその日まで、呼吸が停止していたわけである。現代医学でいう死と同じだったのかどうか、よくわからないが、一度は死んだ人間が蘇生するというのは絶対にない、ともいいがたい。

しかし、奇怪なのはその間、道賢があの世をめぐり、菅原道真に会ったこと、醍醐天皇の苦しむ姿を見て、会話を交わしたことである。本当に、このようなことがあったのだろうか。

ただ、道賢があの世をめぐったというのは、道真の怨霊を恐れていた時代に語られていたことを思えば、道賢の臨死体験が道真の無念さと重ねあわせ、誇張して語り継がれたとも思える。

さらにいえば、のちの道真信仰のよりどころの一つとして、利用されたことはまちがいない。道真が祟りをしない条件をあげ、「わたしの形像をつくり、名号を唱えて心から祈れば」などと働きかけていることが、そのことを物語っているようだ。

4 平安京を動かす安倍晴明《あべのせいめい》の超能力

平安中期、多くの陰陽師《おんみょうじ》が活躍したが、そのなかで最強の超能力を発揮したのは安倍《あべの》晴明《せいめい》だった。晴明の不思議な力に、人びとは怪事件が起こったかのようにおどろき、畏怖した。

晴明は延喜二十一年（九二一）に生まれた。父は益材《ますき》というが、出生地は讃岐《さぬき》（香川県）、摂津《せっつ》（大阪府）、常陸《ひたち》（茨城県）など諸説があってはっきりしない。晴明は幼いころから陰陽師の賀茂忠行《かものただゆき》の弟子となり、昼となく夜となく修行をつづけ、術を磨いた。『今昔物語集』は、幼いころのつぎのような出来事を伝えている。

ある夜、師の忠行が下京《しもぎょう》あたりへ出かけるというので、晴明は供をし、車のあとから歩いていった。そのうち、忠行は車のなかで寝入ってしまった。

晴明がふと前方を見ると、なんともいえぬ恐ろしい鬼どもが近づいてくる。晴明はそれを見ておどろき、急いで車に近寄ると、忠行を起こし、「前から鬼どもが歩いてきます」と告げた。

忠行は目をさまし、近づいてくる鬼どもを見た。それとともに素早く術を用い、わが身ばかりか、供の者たちまでを隠して、なにごともなく通りすぎたのである。

幼い晴明の目に鬼が見えたというのは、尋常ではない。それからというもの、忠行は晴明を手放しがたく思い、瓶《かめ》の水を別の器に移すようにして、晴明に陰陽道のすべてを教えた。このため、晴明はついに陰陽道をきわめ、公私ともに重く用いられるようになった。

陰陽師や呪術師たちは、一般的には修行を重ねて術を身につけたが、晴明はさほど修行をしていない幼いころ、すでに夜行する鬼たちを見たというのだから、抜群の素質をもっていた。

晴明の呪術についてはさまざま伝えられるが、『古今著聞集』は晴明が瓜《うり》のなかに毒気があることを見抜いた、という出来事を紹介している。

関白藤原道長が物忌《ものいみ》で、屋敷にとじこもっていたときのことである。解脱《げだつ》寺の観修《かんじゅ》僧正、安倍晴明、医師の丹波忠明《ただあき》、武士の源頼光がともに参籠《さんろう》していた。

そのさなかの五月一日、南都（奈良県）から早生《わせ》の瓜を献上してきた。しかし、

「物忌をしているというのに、献上品を受け入れるのはいかがなものだろうか」

という者がいたため、晴明が占ってみた。すると、瓜の一つに毒気があることがわかった。晴明はそれを取り出して、

「加持祈禱をすれば、毒気が明らかになります」

という。道長は、さっそく観修に命じ、加持祈禱をさせた。

観修がしばらく読経をしていると、だれが手を触れたわけでもないのに、瓜が動き出したのである。道長はそれを見て、医師の忠明に「毒気を取り除け」と命じた。

忠明は瓜を手に取り、しげしげと見まわしたあと、やおら針を二か所に突き立てた。すると不思議なことに、瓜はぴたりと動かなくなったのである。

つぎに頼光が腰刀を抜き、その瓜を割った。瓜のなかには、小さな蛇がまるくなって入っていたが、なんと忠明が突き差した針は蛇の両目を貫いている。それに、頼光もなにげなく瓜を割ったように見えたが、正確に蛇の首を切断していた。

『古今著聞集』はこの出来事を記したあと、「名を得た人びとの振舞いは、このようなものだったろう」と述べている。名人と称される人は、いずれもすぐれた眼力をもっているということだが、安倍晴明も陰陽道の名人だし、その占験《せんけん》力も抜群とされていた。

晴明は花山天皇の前世を見通し、医師が治せなかった天皇の病を平癒させた、という話もある。

花山天皇は永観《ようかん》二年（九八四）、十七歳で即位したが、右大臣藤原道兼《みちかね》に謀られ、不本意ながら在位わずか一年十か月で退位を余儀なくされた。

『古事談』によると、花山天皇がまだ在位中、頭痛に悩まされ、とくに雨の日はひどく苦しんだ。いくら医師が治療をしても、さっぱり効き目がない。

見かねた晴明は、天皇につぎのように進言した。

「花山天皇は前世で尊い行者でした。大峰山《おおみね》（奈良県吉野郡）で修行中、ある宿で入滅されましたが、前世での修行の徳によってこの世では天皇に生まれました。しかし、前世のお体の髑髏《どくろ》が岩と岩とのあいだにはさまって、雨が降ると水で岩がふくらみ、髑髏が締めつけられて、今生でこのように痛むのです。ですから、いくら治療をしても効き目はありません。髑髏を岩のあいだから取り出し、広い場所に置けば必ず治癒します」

晴明はそのうえ、髑髏がはさまっている場所を告げた。天皇が人を遣わし、調べさせたところ、晴明がいった場所に髑髏があった。さっそくそれを取り出し、広い場所へ置くと、天皇の頭が痛むことはなくなった。

晴明は先に述べたように、藤原道長に重用されたが、『宇治拾遺物語』は、晴明が道長の危機を救った出来事を記している。

法成寺《ほうじょうじ》が建立されたのは寛仁《かんにん》四年（一〇二〇）のことだが、道長はそれ以来、毎日のように参拝していた。道長が飼っていた白い犬も、お供をするのがつねだった。

ある日、いつものように道長が法成寺の門を入ろうとすると、その白い犬が道長の前へまわり、しきりに吠えた。不審を抱いて道長は車から降りて入ろうとしたが、犬は衣の端をくわえ、引きとめようとする。

「なにかあるにちがいない」

道長はそう思い、晴明を呼び寄せた。晴明は道長の話を聞き、しばらくのあいだ占い、こういった。

「道長様を呪詛《じゅそ》する者がいて、道に厭物《えんぶつ》を埋めてあります。それを踏み越えれば、たいへんなことになったでしょう。犬は通力をもっているので、それを告げたのです」

厭物というのは、人に害をあたえる呪物である。道長は晴明から埋めてある場所を聞くと、さっそく従者に掘らせた。

道を掘り進めると、地面から五尺（約一・五メートル）ほどのところに、土器二つをあ

わせ、黄色の紙捻《こより》で十文字にしばったものが出てきた。紙捻をほどいてみると、なかにはなにもなく、土器の底に朱で一つの文字を書いてあるだけだった。奇妙なものである。道長が「これはなんだ」とたずねると、晴明は、

「極秘の呪術で、知っているのはわたしぐらいのものです。あるいは道摩法師の仕業かもしれません。呪詛した者を調べてみましょう」

といい、懐から紙を取り出した。これを鳥のかたちに結び、呪文を唱えて空へ放り投げたのである。すると、紙の鳥はたちまち白鷺となり、南へ飛んでいった。

道長は鳥の落ち着いたところが呪詛した者の住まいと聞き、従者に白鷺のあとを追わせた。

「あの鳥の落ち着き先を見てまいれ」

従者が走っていくと、白鷺は六条坊門万里小路《までのこうじ》あたりの古びた家に落ちた。家を捜査したところ、一人の老僧がいるだけである。従者はその老僧を捕えて縛りあげ、引き立ててきた。老僧は道摩法師とわかったが、呪詛した理由を問うと、

「堀川左大臣藤原顕光《あきみつ》公の命令で、やむなく術を仕かけました」

と白状したのである。道長と対立する顕光が道摩法師を使い、亡き者にしようとしたわ

けだ。しかし、道長は、

「本来なら流罪にすべきなのだが、法師は利用されたにすぎぬ」

といって、道摩法師を本国の播磨《はりま》（兵庫県南西部）へ追い返した。

堀川左大臣顕光は道長との権力争いに敗れ、治安《じあん》元年（一〇二一）、七十八歳で病死するが、死後は怨霊となって祟る。

だが、不思議なのは、晴明が術を使い、道長を呪詛した者をつきとめる逸話である。じつは、晴明は寛弘《かんこう》二年（一〇〇五）、八十四歳で死去しているから、法成寺が建立された寛仁四年といえば死後十五年で、すでにこの世にはいない。

おそらく道長と晴明の深いかかわりからすると、こうした事件はいくども起こったにちがいなく、そこからこの逸話がつくられたとも考えられる。あるいは、天才的な陰陽師のことだから、一度死んだ晴明が道長の危機を知り、あの世から戻ってきたのだろうか。

いずれにせよ、この時代の天皇や公卿たちの最大の関心事は、運命の予定だった。だからこそ、安倍晴明のように神秘的な超能力を発揮する陰陽師は尊敬され、政治にまで強い影響力を発揮したのである。安倍晴明は、いわば平安京の闇をつかさどっていたといってよい。

5 不思議な予言をした賀茂忠行《かものただゆき》

平安中期、陰陽道の宗家として、賀茂家と安倍家とが並びたつようになった。そのきっかけは、賀茂忠行《かものただゆき》という陰陽道の大家が出たことである。

賀茂氏は大和国の葛城《かつらぎ》地方（奈良盆地の西南部一帯）を本拠とした大三輪氏の一族で、はじめは君《きみ》姓を名乗っていた。賀茂忠行は役小角《えんのおづぬ》の同族であるとか、さまざまな説があるが、詳しいことはわからない。生没年も不詳だ。

役小角は役行者ともいい、七世紀末、葛城山中で激しい修行をしたが、その結果、妖術を身につけ、鬼神をも思うがままに使えるようになったという。『続日本紀』には「世間の評判では、小角は鬼神を駆使して水を汲ませたり、薪を集めさせたりしたが、もしいうことを聞かなければ呪術で縛った」と記している。

さらに、空を自在に飛ぶなどの妖術を使ったが、文武三年（六九九）、「妖術を使って世間を混乱させた」として、伊豆大島に流された。しかし、だからといって、大島でおとなしくしていたわけではない。

小角は昼間、大島で修行していたが、夜になると、雲に乗って天城や箱根、富士山などへ飛んで修行を重ね、明け方に島に帰ってきた。ときには海の上を雷光もおよばない速さで走ったり、島に奇怪な明かりをともして、伊豆の漁師たちをおどろかせた。

やがて大宝《たいほう》元年（七〇一）一月、都へ帰ることを許されたが、小角は老母を鉄鉢のなかにすわらせ、一緒に唐土《もろこし》（中国）へ飛び去っていったという。たいへんな超能力者だが、加賀茂行がその同族だったとすれば、超能力をもっていたとしても不思議ではない。

茂行は、とくに多くのことをいい当てる不思議な霊感をもっていた。それを耳にした村上天皇は天徳《てんとく》三年（九五九）、忠行の能力を試そうとして、竹籠のなかに水晶の念珠を入れておき、中身をたずねた。

忠行は見事に、水晶の念珠であることをいい当てた。村上天皇は感嘆し、それ以来、忠行を信任し、重用した。こうして忠行は、有名になったのである。

またあるとき、一人の僧が「悪い予感がする」といって、忠行のもとに相談にきた。忠行が陰陽道で占ったところ、盗賊の難にあうことがわかった。そこで忠行は、

「某月某日、盗賊に襲われ、命を落とす兆《きざ》しがある。物忌をして難を避けるがよい」

物忌とは、飲食や行為を慎み、身心を清め、不浄を避けて家にこもっていることだ。僧は忠行の言葉どおり、その日は一日中、家に引きこもり、用心していた。

夕方になって、僧のところに平貞盛《さだもり》という武将が訪ねてきた。貞盛は将門《まさかど》の乱のとき、天慶三年（九四〇）、下野国《しもつけ》（栃木県）の押領使藤原秀郷《ひでさと》と力をあわせ、平将門を下総国《しもうさ》猿島《さしま》郡石井《いしい》（茨城県岩井市）で討ち取った武将である。

僧は喜び、貞盛に泊まってもらった。

やがて夜中になると、忠行の予言どおり、強盗が押し入ってくる。僧はあまりの恐ろしさにふるえた。だが、貞盛が強盗に立ち向かい、四人を矢で射殺したため、残りの連中はわれ先にと逃げ去っていった。僧は忠行の予言のおかげで、前もって備えることができ、無事だったことに感謝した。

陰陽道にもとづく十二支などの占いでは、ある人物が災難にあいやすい日を知ることができるとされている。しかし、強盗が襲ってくるかどうかまではわからない。

賀茂忠行はそれを予言し、しかもずばり的中させたので、陰陽師として名を高めた。

忠行の息子保憲《やすのり》も、天才と称された陰陽師である。延喜十七年（九一七）生まれだが、

『今昔物語集』によると、保憲は十歳のとき、父が行なう祓《はら》えについていき、そこで鬼神を見たという。父忠行はその才能におどろき、陰陽道のすべてを保憲に伝授した。

やがて保憲は昇進を重ね、応和《おうわ》二年（九六二）に陰陽頭となった。陰陽頭とは、天文や気象、暦、時刻、卜占《ぼくせん》などをつかさどった陰陽寮の長官で、陰陽師として最高位に昇ったわけである。

陰陽頭になったとき、保憲は村上天皇に勘文《かんもん》を献上し、改元を求めた。陰陽道では甲子《かっし》の年を「革令《かくれい》」といい、この年には変乱が多いとされていたからである。たしかに応和二年五月には鴨川堤が決潰し、洪水となったほか、八月には大和（奈良県）、近江（滋賀県）に大風雨が襲い、東大寺（奈良県）の南大門など、多くの建物が倒壊するという被害が出た。

村上天皇は賀茂保憲の勘文を採用し、応和四年（九六四）七月一日、「康保《こうほう》」と改元したのである。保憲はこのように、天皇や朝廷に大きな影響をあたえた。

やがて、若き安倍晴明が頭角を現わしてくる。晴明は保憲の弟子だった。保憲は早くから晴明の才能を見抜き、天文道を晴明に伝え、息子の賀茂光栄《みつよし》には暦道を受け継がせた。

天文道とは、天文や気象に関するさまざまな現象を観察し、その変異によって吉凶を判断する術だ。それにたいして暦道は、暦に関する法則や時刻をつかさどる。

光栄は天慶二年（九三九）生まれだから、晴明より十八歳年下で若い。だが、光栄は父の保憲が天文道を自分に伝えてくれなかったことに怨みを抱き、晴明をライバル視した。やがて光栄は才能を発揮して昇進し、一条天皇の宮廷陰陽師として、晴明と並び称されるようになった。

右大臣藤原実資《さねすけ》の日記『小右記《しょうゆうき》』によれば、こんなこともあった。永観三年（九八五）三月、実資の妻が出産間近だというのに、なかなか子が生まれてこないことに、実資はいらだっていた。

当時、出産がうまく進まないのは物怪などの祟り、と考えられていた。そのため、実資は物怪を調伏させようと修法《ずほう》を行なわせたが、まったく効果がない。

そこで実資は四月十八日に賀茂光栄、翌十九日には晴明に解除《げじょ》を命じた。解除とは、穢《けが》れを祓《はら》い清めることである。その効果があったらしく、実資の妻は四月二十八日、無事に女の子を出産した。

さらに、寛弘八年（一〇一一）五月七日の夜半、一条天皇の皇子敦康《あつやす》親王の屋敷で、突如、瓦礫《がれき》の音がするという怪事があった。光栄はそれを占い、天皇に、

「これから一か月間、天皇はお慎みなさいますように。また、災いを祓い除かなければ、危害がおよびます」

と申しあげたが、それについてさまざまな意見が出た。

「いたずらに天皇を脅《おど》かすものだ」

そう非難したのは、陰陽頭の秦文高《はたのふみたか》である。しかし、陰陽助《すけ》（副長官）の安倍吉平《きっぺい》（晴明の息子）は、

「光栄は出た卦をありのままにいっただけで、咎めることではあるまい」

といって弁護した。

意見が分かれて争いが起きたものの、まもなく光栄の予言が現実となった。一条天皇が病に臥し、一か月後の六月二十二日、三十二歳の若さで息を引き取ったのである。

陰陽師といえば、安倍晴明が最強の術を使ったとされるが、ほかに晴明の師といわれる賀茂忠行、保憲の父子、さらに晴明のライバル光栄と、賀茂家の三代も超能力を発揮して平安京に大きな影響をおよぼしていた。

6 蘆屋道満《あしやどうまん》は、なぜ晴明の術に敗れたのか

平安中期のことである。安倍晴明は宮廷の陰陽師だったが、晴明が活躍していたのと同じころ、蘆屋道満《あしやどうまん》という民間の陰陽師がいた。生没年は不詳で謎の多い人物だが、生国は播磨《はりま》国（兵庫県南西部）だという。

あるとき、晴明の評判を耳にした道満は、術くらべを挑むため、都へやってきた。道満は大柑子《だいこうじ》（夏ミカン）を加持し、殿原《とのばら》（身分の高い男）や中間（従者）に変えることができたし、木の枝を加持して太刀や長刀にすることもできた。やがて道満は、そうした者たちをしたがえて、晴明を訪ねてきたのである。

一方、晴明は占いによって、すでに二十日も前から道満が上洛してくることを知っていた。だから道満が訪ねてきても、少しもおどろかなかった。道満から術くらべを挑まれ、内裏《だいり》の白洲《しらす》で優劣を決することにした。もし、どちらが負けても、勝った者の弟子となる

ことを約束しあった。

当日、天皇は大柑子を十六個入れた長持《ながもち》を運ばせ、

「このなかになにが入っているか。それを占うのだ」

と命じた。道満は、長持を見るなり、

「十六個の大柑子です」

と答えた。しかし、晴明はひそかに加持をしたうえで、こう答えたのである。

「鼠が十六匹入っています」

大臣や公卿たちは中身を知っているから、「晴明を勝たせてやりたい」と思うものの、晴明の答えに失望してしまった。もはや道満の勝ちが明らかである。大臣たちはそのため、長持の蓋を取るのをためらっていた。

「早く蓋を開けてください」

道満がしびれを切らしていうと、晴明も同じように促《うなが》す。大臣たちは、観念して長持の蓋を取った。すると、どうしたことか、なかから鼠が飛び出し、あたりを走りまわった。かぞえてみると、鼠は十六匹だった。

晴明が勝ったので、大臣たちはおどろき、ほっと胸をなでおろした。道満は負けたた

め、約束どおり、晴明の弟子となった。

これは『簠簋抄《ほきしょう》』などに伝えられている話だが、道満は晴明に敗れたとはいえ、当時は有数の陰陽師として知られていた。

もともと陰陽師は、中国から伝えられた陰陽五行説《いんようごぎょうせつ》によって、天体観測や暦の作成、時刻の測定、吉凶の占いなどに従事した。陰陽五行説は、天地のあいだで循環する木、火、土、金、水の五つの元気（五行）を陰と陽の二気に配し、その消長から天地の異変、災祥、人事の吉凶を説く理論である。

ところが、平安時代になると、陰陽師はもっぱら吉凶の占いが専門であるかのようになった。さらに、悪霊や妖怪などを退散させるほか、人を呪い殺したり、呪いを解除することができる呪術師とみなされた。

とくにこの時代、人びとはなにかというと、吉か凶かの占いで行動していただけに、晴明と道満との対決は平安京の話題をさらったにちがいない。道満が負けたが、それで終わったわけではなかった。

その後、晴明は陰陽道をきわめるために唐土《もろこし》へ出かけていく。妻の利花《りか》と弟子になった道満が留守を預かった。

晴明は唐で伯道《はくどう》上人の弟子となり、修行に励んだ。伯道の命令で三年三か月も萱《かや》を刈りつづけたが、伯道は文殊菩薩《もんじゅぼさつ》の像をつくり、萱葺きの寺院を建てた。

ところが、晴明が留守のうち、道満は利花にいい寄り、密通してしまった。そればかりか、晴明が秘蔵していた卜占《ぼくせん》の書『金烏玉兎集《きんうぎょくとしゅう》』を無断で写し取ったのである。やがて十年後、晴明は唐から帰国したが、道満は利花の手を借り、殺してしまった。

一方、唐では伯道が不吉な予感をおぼえ、術を用いて占ってみたところ、晴明の死相が見えた。そこで伯道は急いで日本へ渡り、晴明をたずね歩き、彼の死を知ったのである。

伯道は晴明の塚を訪れ、掘ってみた。遺骨はばらばらになっていたが、一つずつ拾い集めると、すべてが揃った。伯道が生活続命《しょうかつぞくめい》の法を執り行なうと、晴明はすぐ蘇生した。

やがて伯道は道満を訪れ、晴明と会ったことを告げる。道満は「なにを愚かなことをいうのか」と思い、

「晴明は、もう三年も前に死にました。それなのに会ったなんて。夢でも見ているのではありませぬか。もし、晴明が本当に生きているのなら、わたしの首を差し上げましょう」

とまでいったのである。道満は自分で晴明を殺したのだから、自信満々だった。

それを聞いた伯道は、晴明を呼び寄せた。道満は晴明の姿を見ておどろいたが、もう遅

い。道満は晴明に首を斬られてしまった。

結局のところ、道満はついに晴明には勝てなかったが、それにしても不思議なのは、唐からやってきた伯道が遺骨を拾い集め、死んだはずの晴明を蘇生させたことである。別のところで、歌人の西行《さいぎょう》が人造人間をつくったという話を紹介するが、当時は本当にそうしたことが行なわれていたのだろうか。

事実なら奇怪なことだし、超能力を用いたとしか思われない。ただ、古代では人間は死ぬけれども、蘇ることもできるのだと信じられていた。晴明が蘇生したというのは、そうした死生観にもとづく物語だったにちがいない。蘆屋道満は、晴明の引立て役として利用されたのである。

7　知人の危難を予知した弓削是雄《ゆげのこれお》

陰陽師はさまざまな術を使ったが、弓削是雄《ゆげのこれお》という陰陽師は、陰陽の術の占いによって、たまたま同宿した男の危難を予知し、その命を救った。当時、不思議な力と話題になったらしく、『今昔物語集』に伝えられている。

あるとき、伴世継《とものよつぎ》という者が穀倉院《こくそういん》（国の穀物貯蔵所）の使いとして、封戸《ふこ》を徴収するため、東国へ赴いた。封戸とは皇族や高位高官者、社寺などに、その収入源としてあたえた戸（行政上の単位の家）で、この戸から租の半分、庸《よう》と調《ちょう》の全部が収入となった。要するに禄（給与）のことである。

世継は役目を終えて平安京へ帰る途中、近江国瀬田の駅（滋賀県大津市）で、たまたま陰陽師の弓削是雄と同宿した。是雄は近江国の国司の要請をうけ、大属星《だいぞくしょう》を祀るために招かれていたのである。

二人は同宿の気やすさから、どちらからともなく言葉をかわし、世間話をした。夜になって眠りについたが、世継はなぜか、恐ろしい夢を見た。

翌朝、心配になった世継は是雄に夢のことを話し、相談をもちかけた。

「わたしは昨夜、悪い夢を見ました。しかし、幸いなことに、陰陽師のあなたと同宿したので、ぜひ夢の吉凶を占っていただきたいのです。お願いできませんか」

是雄は世継があまりにも深刻な顔をしているので、つい占ってみる気になった。その結果を率直に伝えた。

「あなたを殺そうとする者が、家の丑寅《うしとら》（北東の方角）にひそんでいます。明日は家に帰らぬほうがいい」

しかし、世継はなんとしても明日は帰ろうと思っていた。是雄の言葉に困惑しながらも訴えた。

「長いあいだ、お役目で東国にいっておりましたので、できるだけ早く家に帰りたいのです。せっかく瀬田の宿まできたのに、いたずらに数日をすごすことはできません。それに多くの官物や私物がありますから、早く運ばなければならないのです。なんとか、その難から逃れる方法はないものでしょうか。あるならぜひお教えください」

是雄にも、世継の早く帰りたいという気持ちが伝わってくる。是雄は世継に同情し、難から逃れる方法を教えた。

「どうしても明日、家に帰りたいというのであれば、やむをえません。あなたを殺そうとする者は、家の丑寅の隅に隠れています。ですから、家に帰り着いたあと、すぐに官物を処理し、それから一人で弓に矢をつがえて、丑寅の隅を狙うのですよ」

「それだけでいいのですか」

「これが肝心なのですが、弓を引いて狙うとき、〝おまえは、おれが東国から帰るのを待ちかまえて、殺そうとしている。そんなことは前から知っていた。早く出てくるのだ。出てこなければ、すぐに射殺するぞ〟と叫ぶのです。もし、あなたを狙っている者が出てこなくとも、わたしの法術（陰陽の術）で自然とことが現われますよ。心配はいりません」

世継は是雄に礼をいい、平安京の家へ急いだ。家に帰り着くと、なにかあったのか、家の者たちが大騒ぎしている。世継はそれを無視し、家のなかに入る前に、従者に官物などをすべて処理させた。

それから世継は弓矢を取り、丑寅の隅へまわって、弓に矢をつがえた。その隅には筵《むしろ》がかけてあったので、世継は「ここに隠れているにちがいない」と思い、弓を引いて狙いを定めると、教えられたとおりに叫んだ。

「おまえは、おれが今日帰るのを待って、殺そうとしている。そんなことは前から知っていた。さっさと出てくるのだ。出てこなければ、すぐに殺すぞ」

世継が叫ぶと、物音がして筵のなかから男が出てきた。見れば法師である。すぐに従者を呼び、法師を捕縛させると、世継は、

「なぜ、おれを殺そうと狙ったのだ」

と問いただした。しかし、法師はぬらりくらりと別のことをいい、世継の命を狙っていた理由は話そうとしない。

やむなく世継は、法師を拷問にかけた。これにはさすがに堪えかね、

「正直に話しますから、拷問をやめてください」

と音をあげた。

「じつは、わたしの主人の僧が、あなた様の留守中、奥方様とねんごろになりました。ところが、あなた様が今日、東国からお帰りになるというので、困り果てたのです。そこで奥方様から〝帰るのを待ち伏せて、必ず殺してくれ〟といいつかり、隠れていました。でも、あなた様がすでに御存じだったのにはおどろきました」

法師はついに自白した。弓削是雄の術によって危難を予知し、回避することができたわけである。世継は危難から逃れて、運よく是雄と同宿したことに感謝した。世継は妻を離縁し、法師は検非違使《けびいし》に引き渡した。

このように、陰陽の術で人の命を救う陰陽師もいた。『今昔物語集』にも「是雄の占いは不思議なものだった」と記されているから、是雄は強い超能力をもっていたようだ。

8 西行《さいぎょう》は本当に人造人間をつくったのか

もし、人工的に人間をつくり出すことができるとしたら、どうだろうか。近年、クローン技術が進歩して、牛や羊などを人工的につくり出すまでになったが、問題も少なくないことから賛否が渦巻いている。むろん、人工的に人間をつくり出したという例は、まだない。

ところが、奇怪なことに平安後期、歌人の西行《さいぎょう》が人造人間をつくったという。むろん、科学や技術を用いてつくったわけではない。いわば超能力によってつくった、というのである。一体、どのようにして人造人間をつくったのだろうか。

西行は本名を佐藤義清《のりきよ》といい、元永《げんえい》元年（一一一八）、武士の家に生まれ、鳥羽《とば》上皇の北面《ほくめん》の武士（御所の北面で警護した武士）として仕えていた。しかし、保延《ほうえん》六年（一一四〇）、二十三歳で突如として出家。京の鞍馬《くらま》（京都市左京区鞍馬）、小倉山（右京区嵯峨）、法輪寺（西京区嵐山）で草庵を結び、修行しながら歌を詠んだ。

その後、久安《きゅうあん》四年（一一四八）、三十一歳のときに高野山（和歌山県）に移り住む。それ以来、治承《じしょう》三年（一一七九）、六十二歳になるまでの三十一年間、ここで修行し、歌を詠みつづけた。もっとも、高野山にこもっていただけでなく、諸国を旅して歩いた。

西行が人造人間をつくったというのは、高野山の庵で修行していたころのことである。ある日、西行は親しくしていた修行僧が京都へいってしまったので、西行はその友を懐かしく思うあまり、むかし聞いた恐ろしい話を思い出す。

それは、荒れ果てた広野の闇に鬼が現われ、白骨化した死骸の骨を拾い集め、人間に復元したという話である。西行はその秘儀の手順など、復元する方法を聞いていたのに、ついぞ思い出すこともなかった。

その話を思い出すと、西行はつい広野へ出かけてみた。しばらく歩くうちに、明るい月光のなかで、捨て置かれて白くなった人骨をみつけたのである。

西行は聞き知っているとおりに、散らばっている骨を集め、蔓草などで結びあわせ、秘術を行じて、なんとか人間を復元した。ところが、どうしたわけか、人の姿をしているものの、人の心がなく、肌色も悪い。そのうえ声が悪く、まるで吹きそこなった笛のように、なにをいっているのか理解できなかった。

いくら出来が悪いとはいえ、ひとたび人間として復元したからには、抹殺するわけにもいかない。それに蔓草で骨を結び、つくったものではあっても、人間になった姿を見ると、心がないとは思えない。

西行は恐れ、困惑した。身近に置いておけないし、抹殺することもできない。やむなく西行は、人造人間をだれも足を踏み入れることのない高野山の奥地へ連れてゆき、置き去りにした。

西行はそのあと、徳大寺実能《さねよし》を訪ねた。徳大寺は西行に人造人間をつくる秘儀を教えてくれた人で、西行が京都にいたころの主筋にあたる。自分が知っている秘儀のとおりにやってみたのに、人造人間をつくりそこなった。どうして失敗したのか、徳大寺にたずねて、その理由をはっきりさせたい、と思ったのである。

しかし、徳大寺は運悪く留守だったため、会うことができず、やむなく伏見中納言師仲《もろなか》のところへ出向いた。西行が人造人間をつくりそこなったことを話すと、師仲は、

「どのような方法でつくったのか」

と、たずねる。西行は正直に話した。

「月明かりがありましたので、わたしは死人の骨を拾い集め、まずその骨を頭から手足の先まできちんと並べました。そのあと、骨に砒霜《ひそう》という薬を塗り、さらに苺《いちご》とはこべの葉をもみ、その汁をあたえてから、藤蔓や糸などで丹念に骨をつなぎあわせたのです」

「つぎに骨をいくども水で清め、頭など髪の毛が生えるところには、皁莢《さいかち》の葉と木槿《むくげ》の葉を焼いてつけました。それから土のうえに新しい畳を敷き、骨を横たえたのですが、もちろん風が吹いても動かぬようにしました。十四日間、そのようにしておき、沈《じん》と香を焚《た》いて、反魂《はんごん》の術を行なったのです」

西行の話をじっと聞いていた師仲は、おもむろに口を開いた。

「おおむねそれでよい。だが、どうやらお前は、まだ反魂の秘術が未熟のようだな。修行が足らぬ」

西行は身動きせず、師仲の話を聞き入った。

「わたしは四条大納言公任《きんとう》流の秘伝を教えてもらい、すでにいくども人造人間をつくったことがある。しかし、それがだれだと名指しできぬ。公卿になった者もいるが、もしその名を口にすれば、わたしと一緒にすぐさま死に見舞われるのはたしかだ」

「それはともかく、お前がそこまでやりかけたのであれば、教えるしかあるまい。失敗したのは、香を焚いたからだ。なぜなら、香はあまりにも清らかすぎる。香というのは、聖衆《しょうじゅ》（仏・菩薩）の来迎を願って焚くものだ。沈と乳をあわせて焚くことを忘れてはいけない。それに、反魂の秘術を行なうには、ただの潔斎《けっさい》ではかなわぬ。七日間の断食が必要となる。よくよく気をつけるがよい」

話を聞いているうちに、西行は嫌な気持ちになった。それというのも、もし自分と瓜二つの人間が突如、この世に現われたら……と考えたからである。想像するだけでも不気味なことだった。

この話は、中世の説話集『撰集抄《せんじゅうしょう》』に載っている。とはいえ、『撰集抄』は西行に仮託した書だから、事実かどうかわからない。だが、これが事実とすれば、まさに奇怪な話というしかない。

西行が用いた反魂の秘術の「反魂」とは、「死者の魂を生き返らせること」を意味する。そこで思い出すのは、漢の武帝（前一四一～前八七）が亡くなって李夫人への思慕の情を断ち切れず、「反魂香」を焚いて祈ると、その煙のなかに夫人が現われた、という伝説である。しかし、西行の人造人間は、それとは異なるようだ。

『撰集抄』が伝えるところによると、左大臣徳大寺実能、伏見中納言師仲らの公卿たちは人造人間をつくっていた。しかも、勢力拡張に利用していたらしいから、なんともおぞましいことである。

もっとも、西行自身は人造人間を後悔していた。『撰集抄』は、西行が心を同じくする友を懐かしく思い、その友人を求めて人造人間をつくろうとし、失敗したが、西行はおのれの愚かさに嫌気がさし、恥じたという。

さらに、土御門《つちみかど》右大臣師房《もろふさ》が人間をつくったところ、夢のなかに老翁が現われ、

「当人に相談もせずに、なぜ勝手に骨を取ったのだ」

と訴えられた、という話もつけ加えている。信じがたいことだが、彼らは超能力を身につけていたのだろうか。

第4章 平安京を騒がせた怨霊事件

1 井上《いかみ》皇后は、なぜ龍と化したのか

平安京にはさまざまな怨霊が跋扈《ばっこ》し、都の人びとを悩ませたが、怨霊は突如、平安京に現われたわけではない。すでに奈良時代の末期、平城京にも跳梁《ちょうりょう》していた。

たとえば、光仁《こうにん》天皇の妻である井上《いかみ》皇后は宝亀《ほうき》六年（七七五）、藤原百川《ももかわ》の陰謀によって、わが子他戸《おさべ》親王ともどもあらぬ罪を着せられ、幽閉中に死んだ。井上皇后は魔性に転生し、怨みがつのって龍となり、祟《たた》りつづけた。

鎌倉初期の歴史書『愚管抄《ぐかんしょう》』は、つぎのように記している。

「藤原百川宰相は、たくみに光仁天皇を立てたという。また、そのあとの皇太子をだれにするか、議論になったとき、山部《やまべ》親王（桓武《かんむ》天皇）を立てようとしたが、あまりにやりすぎ、穴を掘って獄《ごく》をつくり、井上皇后を閉じ込めた。このため、井上皇后は生きたまま龍と化し、ついに百川を蹴り殺したという」

なんともすさまじい怨霊だが、井上皇后の怨みはそれほど深かったのである。

井上皇后は養老元年（七一七）、聖武天皇の皇女として生まれ、三十代なかばに白壁王《しらかべ》（光仁天皇）の妻となった。称徳《しょうとく》天皇が神護景雲《じんごけいうん》四年（七七〇）八月四日、五十三歳で死去すると、白壁王は左大臣藤原永手《ながて》、内大臣藤原良継《よしつぐ》、その弟百川らに擁立されて即位し、光仁天皇となった。

このとき、白壁王は六十二歳と高齢だし、壬申《じんしん》の乱で敗れた天智天皇の血を引いていることもあって、本来なら皇位につけるはずもない。それにもかかわらず、皇位を継承できたのは、妻の井上皇后が天武《てんむ》天皇の流れをくみ、称徳天皇の異母姉にあたったからだ。むろん、彼女自身にも、自分が妻だったからこそ、白壁王が天皇になることができた、という自負があったにちがいない。

光仁天皇は即位すると、妻の井上内親王を皇后とし、翌年一月には、二人のあいだに生まれていた他戸親王を皇太子に立てた。

当時、藤原一族が主導権を握り、政治を動かそうとしていたが、光仁天皇は高齢ゆえに気力も衰えており、積極的に行動できない。

井上皇后には、それがもどかしい。もともと、彼女は聖武天皇の皇女ということから、誇り高い女性だった。それだけに藤原一族の権勢が強まるのを目にして、誇りを傷つけられたという思いを抱き、なにかと口をはさむ。

それが百川にはわずらわしい。さっそく、光仁天皇と高野新笠《たかののにいがさ》とのあいだに生まれた山《やま》部《べ》親王（桓武《かんむ》天皇）を擁立しようと、陰謀をめぐらす。そのためには、井上皇后と他戸皇太子を廃する必要がある。

百川は宝亀三年（七七二）、ひそかに光仁天皇に、

「皇后と皇太子が天皇を呪詛《じゅそ》なさった、との密告がありました。おそらくは、他戸皇太子を早く皇位につけようと、望んでのことでしょう」

と告げた。その経緯について、『水鏡《みずかがみ》』は具体的に記している。

「百川は巫《かんなぎ》（巫女《みこ》）たちに天皇を呪詛させたのを聞き、天皇に申し上げると、天皇は涙を流して悲しまれ、百川に相談した。百川は『皇太子は心が驕《おご》っているし、母の皇后も悪い。二人を追放して、山部親王を皇太子に立ててはいかがでしょうか』と勧めた。天皇には、百川のおかげで皇位につくことができた、という思いがある。それゆえに百川が怖くてなにもいえず、山部親王を無礼の親王として皇太子にするのを拒んだものの、百川に押し切られてしまった」

光仁天皇は、百川の話をすぐには信じられなかった。しかし、百川は呪詛したという巫を生き証人として、天皇の面前に引き立ててきた。こうなっては、信じないわけにはいかない。それに天皇は、自分を擁立してくれた百川に感謝をし、信頼していた。

当時、呪詛の罪は重い。呪《のろ》いによって人を殺すことができる、と信じられていたからである。それだけに、いくらいいわけをしようが、この重罪から逃れることはできない。

井上皇后と他戸皇太子は庶人（庶民）に落とされた。さらに翌宝亀四年十月、天皇の姉の難波内親王を呪い殺したという理由で、大和国宇智郡に幽閉されたのである。

しかし、井上皇后と他戸皇太子は、そこから出ることはなかった。百川の陰謀によってあらぬ無実の罪をかぶせられ、疑いを晴らすことができぬまま、二年後の宝亀六年（七七五）四月の同じ日に、二人は死んだ。二人が同じ日に死ぬというのは奇妙なことで、これは殺害されたと見るのが自然だろう。

『水鏡』によると、井上皇后は怨みによって蛇身に変じ、祟《たた》りをなしたという。具体的にいえば、それは天変地異や疫病というかたちで現われた。

『続日本紀《しょくにほんぎ》』は宝亀六年五月十四日、白虹《はっこう》が天にかかる天変があり、六月二十二日には疫病の流行を防ぐため、疫神を畿内諸国にまつらせ、大祓《おおはらえ》を行なった、と伝えている。

さらに宝亀八年二月、宮中に妖怪が現われるという事件が続発した。大祓をしたほか、六百人の僧、百人の沙弥《しゃみ》（仏門に入ったばかりの年少の修行僧）を集め、宮中で大般若経転読を行なわせた。天皇をはじめ、朝廷の人びとが、井上皇后と他戸皇太子の怨霊の祟りに激しく動揺したことがうかがえる。

しかし、それでも怨霊の祟りは鎮《しず》まらない。十二月には井戸が枯渇し、多くの川が干上がった。同じころ、二人を死に追いやった藤原百川、光仁天皇、山部親王は、百余人の鎧武者に追われ、命を取ろうと脅かされる悪夢にうなされつづけた。

宝亀十年（七七九）七月五日、ある巫女が百川に「この月の九日、物忌《ものいみ》をきびしくしなさい」と教え、百川も夢見が悪かったので、この日は籠《こも》っていた。そのとき、百川の帰依《きえ》する僧が、井上皇后を殺したために百川が首を切られるという夢を見ておどろき、百川に告げにいったものの、物忌中で会えない。しかし、この日、百川は急死してしまう。四十八歳だった。

2　なぜ、早良《さわら》親王は、怨霊となって祟《たた》ったのか

長岡京《ながおかきょう》（京都府向日市《むこう》など）でも怨霊が祟り、桓武天皇は怯《おび》えつづけた。その怨霊は、無実の罪で憤死した早良《さわら》親王（桓武天皇の異母弟）のものである。むろん、早良親王の怨霊の祟りは人びとにも暗い影を落とし、不安にさせた。

早良親王が憤死し、怨霊となったきっかけは、長岡京造営の総責任者だった藤原種継《たねつぐ》が何者かに暗殺されたことだった。

長岡京の造営工事は延暦《えんりゃく》三年（七八四）六月十日にはじまったが、桓武天皇はそれまでの平城京（奈良市・大和郡山《やまとこおりやま》市）で、さまざまな怨霊に悩まされたため、祟られた平城京を捨てて新しい都を築こうとしたのである。怨霊への恐れが強かったから、天皇は工事がまだつづいているというのに、その年の十一月、早ばやと遷都してしまった。

ところが、翌延暦四年九月二十三日の夜、工事中の長岡京で不穏な事件が起こる。藤原

種継が何者かに暗殺されたのだが、桓武天皇はおどろき、さっそく捜査を命じた。その結果、大伴継人《おおとものつぐひと》をはじめ、数十人の容疑者が逮捕された。

『続日本紀』によると、首謀者の継人は勅使につぎのように述べた。

「故中納言大伴家持が謀《はか》り、大伴と佐伯《さえき》の両氏に、種継を除くよう告げた。そのため、皇太子の早良親王に申し上げ、種継暗殺を実行した」

継人の自白によって早良親王も捕えられ、乙訓寺《おとくに》（長岡京市）に幽閉された。

「種継暗殺の企みを事前に知り、関与していた」

早良親王はそうした口実で責められたが、親王にしてみれば、身におぼえのないことである。無実を叫びつづけたものの、聞き入れられなかった。乙訓寺では十数日間、みずから飲食をしなかったが、そのようにして自身の潔白を兄の桓武天皇に示したのである。

ところが、桓武天皇は種継暗殺事件を、早良親王を廃する好機と考えていた。父光仁天皇が皇位をゆずってくれたとき、やはり父の意向で弟の早良親王が皇太子に立てられたものの、桓武天皇としては、なんとか、わが子安殿《あて》親王を皇太子にしたい、と望んでいたからだ。

そうしたことからすれば、早良親王の排除はあらかじめ仕組まれた陰謀といってよい。

桓武天皇は継人らの陳述を動かぬ証拠として、早良親王を淡路島へ配流することにした。

しかし、早良親王は絶食をつづけていたため、体が衰弱しきっていて、長旅には耐えられない。護送の途中、淀川の高瀬橋のあたりで息絶えてしまった。兄の陰謀に抗議するかのような壮絶な死である。

それでも早良親王は赦免されず、屍は船に乗せられ、淡路島に運ばれて葬《ほうむ》られた。その年の十一月二十五日、桓武天皇が望んだとおり、まだ十一歳の安殿親王が皇太子に立てられた。

早良親王の無念さは、その死にざまからうかがえるが、その後、早良親王の怨霊事件があいついで起こった。早良親王が怨霊と化して現われ、桓武天皇を悩ましつづけるのだ。

たとえば、延暦七年（七八八）五月、桓武天皇の寵愛する夫人藤原旅子《たびし》が三十歳の若さで死んだ。その悲しみも癒えぬうち、翌年十二月には、天皇の生母高野新笠《たかののにいがさ》が死去する。つづいて延暦九年閏《うるう》三月、こんどは皇后藤原乙牟漏《おとむろ》が突如として病に倒れ、その日のうちに息を引き取った。三十一歳の急死だった。

そうした一方、延暦七年から九年にかけて旱魃がつづき、凶作が諸国を襲った。とくに九州では延暦九年、八万八千人もの農民が飢えに苦しみ、窮状を訴えてきた。雨乞いの祈禱を行なったが、まるで効果がない。しかも、九年秋には都で悪疫が流行して、死ぬ者も少なくなかった。

同じころ、追いうちをかけるように、皇太子安殿親王が病魔にとりつかれる。長いあいだ回復の兆《きざ》しも見せず、生死の境をさまよう状態がつづいた。

「これは早良親王の祟りではあるまいか」

桓武天皇はあいつぐ不幸に愕然とし、不安をつのらせた。とくに安殿親王の病は、衝撃が大きい。なんとか回復させてやりたい、という思いから延暦十一年（七九二）、陰陽師に親王の病状を占わせてみた。案の定、占いの結果は、

「親王の病は、明らかに早良親王の祟り」

と出たのである。

そこで桓武天皇は、さっそく謝罪の使者を淡路島へ派遣し、早良親王の墓を整備したりして、その霊を慰めようとした。さらに、僧を遣わし、霊前で読経させた。しかし、それでも早良親王の怨霊は鎮まらない。

延暦十一年夏から秋にかけて豪雨がつづき、そのために桂《かつら》川が大規模な氾濫を起こし、長岡京は水びたしになってしまったのだ。これも早良親王の祟りとされた。

桓武天皇は早良親王の怨霊に怯え、怪事があるたびに悩み、怨霊の祟りを口にした。このため、やがて早良親王の怨霊の祟りが長岡京に広まり、人びとのあいだで不安が広がった。

「またしても怨霊に祟られた長岡京を捨て、怨霊のいない土地に新しい都をつくるしかないのか」

桓武天皇は、そうした考えにとりつかれるようになった。しかし、長岡京の造営に着手したのは延暦三年だから、まだ十年もたっていないうえに、完成したわけではない。土豪や農民たちから労力、資財の提供をうけ、造営工事がつづいているにもかかわらず、それをあっさり放棄し、遷都しようというのである。桓武天皇は、それほど早良親王の怨霊を恐れていた。

延暦十二年（七九三）三月、怨霊のいない「平安楽土」を求めて、新京の造営を開始。桓武天皇は翌延暦十三年十月二十二日、工事のつづいている新京、すなわち平安京へ移ったのである。

桓武天皇は、これで早良親王の怨霊から解き放たれたと思ったが、そうはならない。早良親王の怨霊は、いっこうに鎮まる気配を見せなかった。

そこで桓武天皇は延暦十九年（八〇〇）七月、亡き早良親王に崇道《すどう》天皇の尊号をあたえたうえ、淡路島にある墓を山陵と呼び、陰陽師や僧らを派遣して、その霊を慰めさせたのである。さらに延暦二十四年（八〇五）一月には淡路島に寺を建立し、翌年には怨霊を慰めるため、諸国の国分寺に読経を命じている。

このように怨霊への鎮祀《ちんし》をつぎつぎに行なっても、桓武天皇の怨霊への恐れはやまなかった。弟の早良親王を冤罪《えんざい》によって憤死へと追い込んだことに、慚愧《ざんき》の念を抱きつづけていたのだろう。桓武天皇の心の中には、いつまでも怨霊がひそんでいたようだ。

3　なぜ宇多《うだ》法皇は、源《みなもとのとおる》融の怨霊に抱きつかれたのか

平安前期、不気味なことに、宇多法皇が源融《とおる》の怨霊に抱きつかれるという事件が起こり、都の人びとは震え上がった。

源融は弘仁《こうにん》十三年（八二二）、嵯峨《さが》天皇の第八皇子として生まれた。承和《しょうわ》五年（八三八）、十七歳のとき、内裏《だいり》で元服式がとり行なわれたが、生母は大原《おおはら》氏で家柄がぱっとしない。このため嵯峨天皇は、融を仁明《にんみょう》天皇の子にしてしまった。父の命とはいえ、融は十二歳年上の兄の子とさせられたのである。

しかし、融は長じて左大臣となり、六条河原に壮麗な邸宅をかまえたため、世に「河原左大臣」と称された。融が死没したのは寛平七年（八九五）、七十四歳のときだが、その後、怪しい事件が起こった。

初秋のある日、宇多法皇は京極御息所《きょうごくみやすどころ》（褒子《ほうし》、左大臣藤原時平《ときひら》の娘）を牛車に同乗さ

せ、河原院へ向かった。河原院はいまは亡き融の邸宅だったが、彼の死後、法皇の別邸となっていた。

贅のかぎりを尽くした邸宅で、庭の池水は陸奥の塩竈《しおがま》（宮城県塩釜市）の風景を取り入れてある。池には島があり、そこに松が植えられて見事な景観をつくり出していた。ことに松の枝に名月がかかる光景は、一幅の絵を見るようだった。

法皇は門前で牛車を降りると、御息所と邸内に入り、庭をゆっくり歩きながらその眺めを楽しんだ。やがて夜も更《ふ》け、月が中天に光り輝く。

供の者に命じて、牛車の畳を取り下ろさせ、とある一室に敷いて仮の臥所《ふしど》にすると、法皇は御息所と手をとりあって横になり、睦言《むつごと》をかわした。

やがて、ふいにギ、ギーッと戸が軋《きし》みながら開くと、月光のなかで何者かの黒い影が臥所近くに伸びてきたのだ。おどろいた法皇は、御息所から身をはなし、

「何者か！」

と問いただした。すぐに陰にこもった声が返ってくる。

「源融でございます。御息所を賜わりたく、参上しました」

「おまえが生きていたときは、わたしの臣下であり、わたしは天皇であった。どうして、

そのような愚かしいことをいうのか。早々に退散せよ」

法皇がそういうと、融の霊物は臥所に伸びてきて、法皇の腰に抱きついた。

それを見た御息所は、恐ろしさのあまり、なかば死んだようになった。ぺたりと座ったまま、身動きひとつしない。

法皇にしても同じようなものだった。しかし、力をふりしぼって供の者を呼んだ。ところが、供の者たちは中門の外にいて、法皇の声は聞こえない。ただ、牛飼いの少年が近くで牛に餌をやっている。法皇はその少年に命じ、供の者たちを呼び寄せた。

牛車を近くへ運ばせ、御息所を乗せる。御息所の顔は血の気がなく、蒼白だった。起きあがることもできず、助け抱えられてやっと乗ったのだ。黒い影は消えていたものの、法皇も融の霊物に抱きつかれて気分がすぐれない。

やっとの思いで帰り着くと、法皇は急いで浄蔵《じようぞう》大法師を召し出し、加持祈禱をさせた。御息所はまもなく息を吹き返し、法皇も本復した。

これは、鎌倉初期に成立した『古事談《こじだん》』に紹介されている出来事だ。なんとも奇怪なことだが、源融の怨みはなににたいして残ったのだろうか。

河原院は源融が丹精こめて造営したものだったから、河原院に怨霊が残ったとも考えられるが、じつはそうではない。源融をめぐっては、つぎのような出来事もあった。

源融が左大臣だったころの貞観《ていかん》十八年（八七六）、陽成《ようぜい》天皇は九歳で即位した。しかし、天皇は奔放活発というか、粗暴さが目立つようになる。

元慶《がんぎょう》六年（八八二）、十五歳で元服したものの、いっこうに改まらない。摂政で太政大臣の藤原基経《もとつね》もさすがに切れて、天皇に辞職を要望した。それが受理されないとわかるや、朝廷への出仕をやめてしまった。

天皇へのボイコット作戦である。そのため、太政官の弁官《べんかん》（行政執行の中心となる役人）たちは、やむなく摂政の基経邸へ出向き、政務の報告をして決裁を求めた。天皇もそれをいいことに、しばしば宮中行事を欠席した。

そうしたさなかの翌年十一月、内裏内で殺人事件が起こる。殺されたのは源益《ます》という男で、陽成天皇の乳母の子だった。しかも、「犯人は陽成天皇」との噂が流れたから動揺が広がった。

だが、基経はそのことを知っても、とくになにもせず、様子を見ていた。やがて、馬好きの天皇が禁中の空き地で馬を飼っていることを見とどけると、ただちにその馬を追い払ってしまった。それは基経の天皇への挑戦といってよい。

さすがの血気盛んな天皇も、これにはあわてた。しかし、殺人事件の犯人との風評のため、天皇に味方する者はいない。孤立した天皇は元慶八年二月、やむなく譲位することを記した書を、基経のもとにとどけたのである。

基経は後継者として、仁明天皇の皇子時康《ときやす》親王を考えていたが、彼はすでに五十五歳である。ほかに陽成天皇の同母弟で十一歳の貞保《さだやす》親王、あるいは陽成天皇と女御佳珠子《かすし》（基経の娘）とのあいだに生まれた七歳の貞辰《さだとき》親王も噂にのぼった。

いろいろな憶測が流れていたが、『大鏡《おおかがみ》』にはつぎのような話が伝えられている。

左大臣の源融が太政大臣の基経に、

「天皇の近い血筋を捜せば、この融もそうです」

といった。だが、基経は、

「たしかにそのとおりだが、源という姓をいただき、普通に仕えていながら皇位に即《つ》いた例はない」

と、にべもなく切り返したので、融はいう言葉を失った。

結局、つぎの天皇は時康親王が継ぎ、光孝《こうこう》天皇となる。退位した陽成天皇はその後、公の場に姿を見せることもなく、上皇として八十二歳まで生きた。

源融はあっさり一蹴されたものの、面目を失ったという思いは強かったにちがいない。基経に拒まれたことで、逆に皇位への執着が強まり、怨霊となって宇多法皇の腰に抱きついたのではないだろうか。

4　菅原道真《すがわらのみちざね》は、どんな怨霊事件を起こしたのか

平安京ではさまざまな怨霊事件が起こったが、なかでも人びとを恐怖させたのは、菅《すが》原《わら》道真《のみちざね》の怨霊事件だった。

右大臣にまで出世した菅原道真は昌泰《しょうたい》四年（九〇一）一月、藤原氏の陰謀によって、九州の大宰府《だざいふ》へ左遷される。それ以来、道真は憤懣やるかたない日々をすごしたが、二年あまりのちの延喜《えんぎ》三年（九〇三）年、ついに憤死した。

ところが、その後、平安京に異変があいつぎ、人びとは「道真の怨霊の祟り」といって恐れた。道真は、怨霊となって復活したのである。

最初に大騒ぎとなったのは、しきりに轟《とどろ》く雷鳴である。これを「道真の怨霊の祟り」と思い、人びとは不安な日々をすごした。

延喜八年（九〇八）八月には、蔵人頭《くろうどのとう》の藤原菅根《すがね》が死んだが、「菅根は道真の怨霊に取

り殺された」と、ささやかれた。菅根は道真の推挙によって、当時皇太子だった醍醐《だいご》天皇の侍読《じどく》（講義する学者）となったのに、その恩義に背《そむ》き、道真の左遷事件で暗躍した。ついで翌延喜九年、道真の怨敵である左大臣時平が病となり、三十九歳の若さで死んだ。その直後から、

「左大臣時平が死去したのは、菅原道真の怨霊のせいだ」

との噂が広まった。時平の死については、つぎのような話も伝わっている。

「道真が醍醐天皇を廃し、娘婿の斎世《ときよ》親王を皇位につけようと陰謀をめぐらしている」

このように天皇に密告したのは時平だった。道真は無実の罪で九州に追いやられ、死後、時平に怨みを晴らすため、雷神となって平安京へ飛び、蔵王《ざおう》の森でひそかに機会をうかがっていた。

時平はそれに気づき、平安京のまわりに雷神除《よ》けの槐《えんじゅ》の木を植えた。その一方、比叡山の法性坊《ほっしょうぼう》に雷神の調伏を命じた。

法性坊はさっそく下山し、平安京へ向かう。ところが、途中で豪雨となり、加茂《かも》川が氾濫して渡れなくなった。そのあいだにも雷が鳴り、雨が激しく降りつづく。

「これは道真の怨霊がなしたことだ」

法性坊はそういうなり、腰の宝剣を抜き、加茂川の流れを斬った。

すると不思議なことに、川の水が二つに割れて、雷神の姿をした道真が出てきたのである。しかも、道真は石と化し、昇天していく。それと同時に、あれほど激しく降っていた雨がぴたりとやんだ。

ところが、これで道真の怨霊が鎮められたわけではない。その後も時平を悩ませつづけたものだから、さすがの時平も気鬱になり、食事をとることができず、ついに衰弱死したというのである。

平安末期に成立した歴史書『扶桑略記《ふそうりやくき》』は、時平の死をめぐるつぎのような奇怪な出来事を記している。

時平が病床に伏せっているとき、僧の浄蔵《じようぞう》が時平から道真の怨霊を取り除くため、加持祈禱を行なった。浄蔵は三善清行《みよしきよゆき》の息子である。清行は道真のライバルとされていた文章博士で、時平に加担し、道真に政界からの引退を勧めた男だった。

清行は、浄蔵が加持祈禱を行なっているさなか、時平を見舞った。ところが、清行の目の前に道真の怨霊が現われる。それは青龍の姿をしていたが、体をくねらせながら時平の耳から出てくると、

「いま、わたしは怨敵を抑えようとしているのだが、息子が加持祈禱を行ない、邪魔をしている。早くやめさせよ」

といって迫った。清行は急いで加持祈禱をやめさせ、浄蔵を外へつれ出したところ、時平の病状がにわかに変じ、命が絶えてしまったという。いずれにせよ、時平の死は道真の怨霊の祟り、としか思えないような怪しい死だった。

その後、延喜十三年(九一三)、道真のあとを襲って右大臣となった源光《ひかる》が変死する。光は馬に乗って狩りに出かけたのだが、泥沼で馬の足を取られ、光はそのまま溺死《できし》した。だが、不思議なことに、いくら探しても泥中には光の死体がなかったという。

そうした一方、毎年のように暴風雨や旱魃、飢饉、疫病があいつぎ、人びとは「道真の怨霊の祟り」といって、おののいた。

源光が変死して十年後、道真が憤死してからだと二十年だが、延喜二十三年(九二三)二月二十一日、醍醐天皇と皇后藤原穏子《やすこ》(時平の妹)とのあいだに生まれた皇太子保明《やすあきら》親王が、病気になったわけでもないのに、二十一歳の若さで死んだ。

『日本紀略《にほんきりやく》』という史書によると、

「天下の人びとは皆悲しみ泣き、それは雷《いかずち》のようだった。世の中の人がすべて、菅原道真の憤《いきどお》る霊魂がなした仕業だ、といった」

という。つまり、人びとは皇太子がふいに死んだのは、道真の怨霊の祟りだ、といいたてているというのである。醍醐天皇にしてみれば、生まれたときから溺愛してきた保明親王があまりにもあっけなく死んで、悔んでも悔みきれなかったにちがいない。

このため、朝廷では道真をもとの右大臣に復し、一階昇進の正二位を追贈した。さらに、保明親王の子慶頼《よしより》王を皇太子に立てるための厄除けとして、道真を左遷したときの詔書を焼き捨てて怨霊を鎮めようとした。

ところが、道真の怨霊の祟りは、それでもおさまらなかった。二年後の延長《えんちょう》三年（九二五）、慶頼はわずか五歳で死んだ。疱瘡《ほうそう》（天然痘）による死だったが、これも怨霊の祟りとされたのである。

怨霊の恐怖に悩まされたのは、天皇の周辺ばかりではない。風水害や疫病にたびたび見舞われて、平安京の人びとも同じように祟りを感じ、難儀していた。

さらに五年後の延長八年（九三〇）六月二十六日、平安京を揺るがす怪異が起こる。なんと道真の怨霊がすさまじい雷電となって、天皇の住まいである清涼殿《せいりようでん》を襲い、大納言藤原清貫《きよつら》らの命を奪ったのだ。この異常な大事件は、平安京の人びとを震撼させた。

長いあいだ、雨が降らないため、その日、左大臣藤原忠平《ただひら》（時平の弟）をはじめ、公卿たちが集まり、その対策を協議していた。ところが、昼すぎ、にわかに愛宕《あたご》山の上空に黒雲が湧き出し、清涼殿を覆《おお》ったかと思うと、ふいに稲妻が走り、大きな雷鳴がとどろく。公卿たちは耳をふさぎ、その場にひれ伏した。

つづいて一閃《いっせん》、二閃と稲妻が襲ってくる。やがて激しい雨が降りはじめ、目もくらむ雷光とともに轟音が響き、火柱が現われた。清涼殿南西角の柱に雷が落ち、勢いよく燃えあがったのである。

『日本紀略』によると、大納言藤原清貫は衣が焼け、胸が裂けて死んだ。焼死である。右《う》中弁《ちゅうべん》の平希世《まれよ》は雷に打たれたのか、顔を焼かれて死んでいた。ほかの公卿たちは悲鳴をあげて逃げまどったが、負傷者も出た。

同じころ、内裏《だいり》の正殿である紫宸殿《ししんでん》にも落雷があり、右兵衛佐《うひょうえのすけ》の美努忠包《みぬのただかね》は髪が燃えて死亡。紀蔭連《きのかげつれ》は腹が焼けて悶死、安曇宗仁《あずみのむねひと》は膝を焼いて倒れた。

なんとも悲惨な怪事件――というのが、当時の人びとの印象である。前例のない出来事だけに、平安京の人びとの道真の怨霊にたいする恐怖は、最高潮に達した。

醍醐天皇は落雷の惨事を目撃しておののいたが、さらに衝撃のあまり体調をくずし、病になった。ついに九月二十二日、八歳の皇太子寛明《ゆたあきら》親王（朱雀《すざく》天皇）に皇位をゆずる一方、加持祈禱を行なわせたのである。しかし、そのかいもなく、七日後の二十九日、四十六歳で息を引き取った。

なんともすさまじい道真の怨霊だが、朱雀天皇も「道真の怨霊に取り殺されないだろうか」と、たえず恐れていた。

5 平将門《たいらのまさかど》の首はなぜ飛んだのか

都で晒《さら》しものになっていた首が、関東をめざして空を飛ぶ。『平治物語《へいじものがたり》』などでは天《てん》慶《ぎよう》三年（九四〇）、そうした奇怪な事件が起こり、人びとを恐怖させた、と伝えている。

その首とは、平将門《たいらのまさかど》の首である。将門の生年は不詳だが、下総《しもうさ》の猿島《さしま》、豊田二郡（茨城県西部）に勢力をもつ鎮守府将軍平良持《よしもち》の次男として生まれた。良持は桓武《かんむ》天皇の曾孫高望《たかもち》王の子で、兄に国香《くにか》、良兼《よしかね》、弟に良文《よしぶみ》、良正《よしまさ》らがいた。

将門は父の死後、上洛して摂政藤原忠平《ただひら》に仕え、検非違使《けびいし》になることを求めたが、後押ししてくれる有力者がいない。このため、それがかなわず、位の低い公家たちからも「東夷《あずまえびす》（東国の野蛮人）」と侮《あなど》られる始末だった。

そのうえ、将門が都に滞在しているうちに、伯父の国香らに領地を押領されるという事件が起きた。将門は急いで帰国し、国香や良兼らに土地の返還を迫ったものの、伯父たちは逆に将門を襲撃するなど、亡き者にしようと画策したのである。

承平《しょうへい》五年（九三五）、将門は報復の戦いを挑む。源護《まもる》（国香の子貞盛《さだもり》の舅《しゅうと》）の三人の息子を討ち、各地に火を放ったが、『将門記《しょうもんき》』によると、「男も女も火のため薪《たきぎ》となる」という悲惨さだった。国香も攻められ、その火のなかで自刃して果てた。

これが将門の乱の発端だが、もともとは領地争いだったのに、やがて周辺の豪族を巻き込み、大乱に発展していく。こうして天慶三年まで、六年間もつづくのだ。

敗れた源護は怨みに思い、将門を朝廷に訴えたため、将門は召喚《しょうかん》される。将門は京へのぼり、朝廷に反抗する意志のないことを表明したが、帰国した承平七年八月、良兼に襲われ、妻子を奪われてしまった。しかし、将門は軍勢をたて直し、良兼を攻めた。

こうした私闘がくりかえされているうち、天慶元年（九三八）に武蔵国司と郡司とのあいだで紛争が起こる。将門はこれに介入したため、武蔵介の源経基《つねもと》が朝廷に「将門が謀叛を企てている」と訴え出た。将門はそれを怒り、翌年十一月、常陸《ひたち》（茨城県）の国府を攻撃し、焼き払ってしまった。

これは明らかに、中央政府にたいする反乱である。朝廷としても、将門を謀叛人として扱わざるをえない。

そうなっては、将門も後戻りはできない。各地の国府を攻め、坂東八か国（相模《さがみ》、武蔵、上野《こうづけ》、下野《しもつけ》、常陸、上総《かずさ》、下総《しもうさ》、安房《あわ》）を制圧。平安京の天皇にたいして、みずから「新皇《しんのう》」と称したのである。

朝廷は将門追討軍を派遣したが、その軍勢が到着する前、国香の子貞盛、下野押領使の藤原秀郷《ひでさと》らは四千の軍勢をひきいて、将門を奇襲した。天慶三年二月十四日、激しい攻防戦のなかで、将門は矢に射貫かれて討死した。

ところで、将門の乱が起こるころ、平安京ではさまざまな怪異がつづいていた。真夏だというのに大雪が降ったし、黄色の蝶が大きな群れをなして飛んだこともある。蝶の乱舞は兵革（戦争）の兆しと噂され、人びとは恐れおののいた。

当時、平安京の人びとにとって、東国は辺境の地であり、そこで暴れまわる将門は、あたかも妖術使いのように思えた。それだけに「将門が叛逆した」との知らせが平安京にとどくと、さまざまな噂が乱れとんだ。たとえば、

「将門の体は鉄でできているため、矢が当たっても傷つかない」

「妖術を使うし、七人の影武者を操っているので、どれが将門本人なのかわからない。将門が勝ちつづけているのは、そのせいだ」

などと、まことしやかにいわれ、恐怖したのである。

『古事談』によると、その間にも不思議なことがあった。

将門が朝廷に背《そむ》いたのちの天慶三年一月二十二日、文人で学者だった三善清行《みよしきよゆき》の子で、浄蔵が延暦寺の首楞厳院《しゅりょうごんいん》で三十七日間、将門を降伏させるための祈願を行なった。

そのあいだに、弓矢を身につけた将門の姿が、ぼーっと灯火の皿のうえに浮かび上がった。浄蔵にしたがう僧や弟子たちは、それを見ておどろき、怪しんでいると、壇のなかから鏑矢《かぶらや》の音が発し、それは東へ飛んでいったように聞こえた。すると、浄蔵は、

「将門はすでに討たれました」

といった。

その後、公卿が鎮護国家のため、仁王会《にんのうえ》を催したとき、浄蔵は待賢門《たいけんもん》（大内裏にある外郭十二門の一つ）の導師をつとめた。この日、平安京では「将門の一味がたったいま、入洛してきた」との噂で大騒ぎになった。浄蔵は落ち着きはらって、

「将門の首級が、ただいま持参されるでしょう」

といった。これを聞いて、恐怖のために死んだようになっていた宮廷の人びとは、たちまち安心し、生き返ったようになった。果たして、浄蔵の言葉どおり、将門の首級が平安

京にとどいた。

将門の首が到着したのは四月二十五日。押領使の藤原秀郷らが運んできたのだが、将門の首は東洞院《ひがしのとういん》近くの木に晒されたのである。

ところが不思議にも、将門の首は三か月たっても色が変わらず、目は生きているかのように輝いていた。しかも、夜になると、その首は歯がみしながら叫んだ。

「わが体、いずこにある。ここにきたれ、首をつないで一戦《ひといくさ》せん」

平安京の人びとは怖いもの見たさに出かけ、不気味な首を見たり、恐ろしげな叫び声を聞いておののいたという。

さらに奇怪なことに、ある夜、将門の首は胴体を求め、唸りを発しながら関東へ飛んだ。しかし、途中で力尽きたのか、武蔵国芝崎村に落ち、夜ごとに怪光を放った。このため、土地の人びとが畏懼《いく》し、落ちた首を手厚く埋葬した。これがいまも大手町（東京都千代田区）に残る将門首塚とされる。

そのほか、「将門は怨霊となって洪水を起こした」とか「疫病を流行らせるなどして祟った」と伝えられるが、将門の怨みはそれほど強かった。

6 なぜ、藤原朝成《あさひら》は「鬼になる」と呪《のろ》ったのか

「鬼となって七代まで祟り、命を取る」

藤原朝成《あさひら》がそのように怨みの言葉を吐き、生霊《いきりょう》になるという事件が起きた。当時は霊的な物怪と鬼は同一視され、明確に区別されていたわけではない。朝成の怨みは、たとえようもないほど大きかったのだろう。だから、まだこの世に生きているというのに、物怪と化し、祟った。

朝成は延喜十四年（九一四）、右大臣藤原定方の息子として生まれた。安倍晴明《あべのせいめい》とほぼ同時代の公卿である。

『今昔物語集《こんじゃくものがたりしゅう》』によると、朝成は学才があって、日本のことのみならず、唐のこともよく知っていたという。また、思慮もあるし、度胸がすわっていて押しも強かった。さらに財力が豊かなうえ、上手に笙《しょう》の笛を吹く。

朝成の笛について、『古事談』はつぎのように記している。

天慶九年（九四六）、村上天皇が即位してまもなくのころだが、朝成ははじめて昇殿し、小板敷《こいたじき》にいた。小板敷というのは、清涼殿の殿上間《でんじょうのま》南面にある小庭からのぼるところにある板敷のことだ。

天皇は小蔀《こじとみ》（小窓）から見て、「醜い顔だ」と思いながらも、「朝成は笛を巧みに吹きます」と聞き、笛を吹かせてみた。すると、朝成は内裏も破れるほどに吹いたが、そのとき、朝成の醜い顔がたちまち美しく輝いたという。

多彩な人物だったことがわかる。その朝成が、なぜ生霊になったのだろうか。

それは官途《かんと》（官吏の地位）争いに端を発していた。当時、高い官位を獲得することは、貴族の生きがいだったが、朝成もその例にもれず、官位に執着しつづけた。

しかし、朝成とライバルである藤原伊尹《これただ》（師輔《もろすけ》の長男）がともに蔵人頭《くろうどのとう》（蔵人所の長官）を望み、争いになった。朝成は伊尹の欠点をいいたてて、不適格であると断じたが、争いに敗れてしまった。

これに怒った朝成は、意趣返しのため、伊尹の従者に嫌がらせをした。だが、朝成は「悪かった」と思い、非礼を詫びようとして伊尹邸を訪れたのである。

しかし、伊尹は朝成を赦《ゆる》さず、炎天下の中門に立たせたまま、放置しておいた。いっこうに姿を見せようとしない伊尹に、朝成はいらだつ。

「伊尹は、わたしを炙《あぶ》り殺すつもりなのか」

と思い込み、激怒した。

これは『大鏡』に記されている出来事だが、『古事談』などでは、朝成について別の逸話を述べている。

大納言に欠員が出たとき、朝成は摂政だった伊尹の邸宅を訪ね、「わたしを任命していただきたい」と、願い出ようとした。長い時間待たされ、やっと伊尹が姿を現わすと、朝成はいかに自分が大納言にふさわしいか、とうとうとまくしたてた。だが、伊尹はそれには答えず、皮肉たっぷりにむかし話をした。

「むかし、同じ官を望んだとき、わたしはおぬしからいろいろいわれたものだ。しかし、今度、おぬしを大納言に任じるかどうかは、わたしの気持ちしだいだな」

さすがの朝成も、以前のことをいわれては恥じるしかない。朝成は青ざめた顔で退出した。牛車《ぎっしゃ》に乗るとき、朝成は笏《しゃく》を車のなかに投げ入れたが、どうしたわけか、その笏は真んなかから二つに割れてしまった。

朝成はそれでいっそうみじめになり、怨みを募らせる。やがて朝成は、ついに怨みを爆発させ、生霊となったのだが、このとき、

「伊尹はわが敵人。鬼となって、七代までも祟り、命を取る」

と呪ったのである。

ところで伊尹は栄華を誇る右大臣師輔の御曹子だけに傲慢なところもあって、怨まれることも少なくなかった。

天暦《てんりやく》六年（九五二）末、伊尹は蔵人左近衛少将だったが、何者かが伊尹の邸の井戸に死人の頭などを投げ込む、という事件が起きた。

しかし、伊尹はそのことを知らず、参内する。まもなく公卿たちのあいだで、その噂が広がり、問題にされた。伊尹に怨みを抱く者の仕業とされ、伊尹はついに七日間の穢《けが》れとなった。つまり、つとめにつくのをはばかる出来事として、参内を遠慮するよう命じられたのである。

そうした一方、このころ、平安京では怪事が続発していた。たとえば、天徳《てんとく》二年（九五八）四月のある夜、強盗が獄を破り、囚われている仲間九人を奪い返すという事件があった。しかし、激しい争いとなり、そのうちの一人は獄門の前で打ち殺されている。だが、

脱獄囚たちはまもなく摂津国《せっつ》（大阪府西北部と兵庫県南東部）で捕えられた。

同じ年、ある狂女が待賢門《たいけんもん》（大内裏の東面の門）の前で死人の頭をとり、これを食らうという怪事が起こった。

当時、諸門のかたわらにはしばしば病の者たちが臥《ふ》せっていた。死人の頭を食らった女はその後、まだ息をしているというのに、病者に食らいついた。平安京の人びとは、この女を「鬼女にちがいない」と恐れた、と伝えられる。

こうした怪事が珍しくない時代だけに、朝成が生霊と化し、祟ったというのも、不思議なことではなかったのかもしれない。

朝成の生霊は伊尹に取り憑《つ》く。天禄《てんろく》三年（九七二）、伊尹は摂政についてまだ二年だというのに、四十九歳で急死してしまった。平安京ではしきりに「朝成の生霊の祟り」とささやかれた。

朝成が死んだのは、その二年後の天延《てんえん》二年（九七四）、五十八歳だった。朝成は怨みを晴らして、満足だったのだろうか。

朝成の邸宅は三条西洞院《にしのとういん》にあったが、のちにこの旧邸は「鬼殿《おにどの》」と呼ばれ、伊尹の子孫たちはこの方角に足を踏み入れなかった、と伝えられる。

7　藤原道長《みちなが》は、だれの怨霊に殺されたのか

平安京屈指の政治家藤原道長《みちなが》は、政敵を陰謀で取り除き、その一方では無理を押し通して娘たちを天皇家に嫁がせ、勢力を伸ばして栄華をきわめた。しかし、晩年は悲惨で、怨霊に苦しめられて死んだ。道長は、だれの怨霊に殺されたのだろうか。

道長は康保《こうほ》三年（九六六）、摂政関白兼家《かねいえ》の四男として生まれた。結婚したのは永延《ようえん》元年（九八七）、二十二歳のときである。相手は左大臣源雅信《まさのぶ》の長女倫子《りんし》で、二歳年上の二十四歳だった。倫子とのあいだに、頼通《よりみち》、教通《のりみち》、彰子《しょうし》、妍子《けんし》、威子《いし》、嬉子《きし》の二男四女が生まれている。

長女彰子が生まれたのは永延二年だが、同じ年、道長は左大臣源高明《たかあきら》の娘明子《めいし》とも結婚した。当時の結婚は、いまのような一夫一婦制とは異なるから、倫子も明子も同じ道長の妻である。もっとも二人とも正式な妻にはちがいないが、立場は倫子のほうが上で、明

子は次妻とされた。

明子とのあいだには頼宗《よりむね》、能信《よしのぶ》、顕信《あきのぶ》、長家《ながいえ》、寛子《かんし》、尊子《そんし》の四男二女が生まれている。

道長には、ほかに多くの妾がいた。それはともかく、道長はさまざまな手を使って娘たちを入内させ、天皇の外戚として政治の中枢を掌握していく。

その前に政敵を取り除く課題があった。道長の政敵は多いが、伊周《これちか》もその一人である。伊周は関白道隆（道長の兄）の次男で、道長より八歳若い。それにもかかわらず、道長が権大納言のとき、すでに内大臣で上位になっていた。しかも、妹の定子《ていし》は一条天皇の中宮だ。道長としてみれば、甥に先を越され、悔しい思いをしたにちがいない。

長徳《ちょうとく》元年（九九五）四月、道隆が四十三歳で死没すると、二十二歳の伊周は父のあとを継ぎ、関白になることを期待したものの、叔父の道兼《みちかね》（道隆の弟）が関白に就任する。しかし、道兼は十日ほどのちに急死したため、伊周はふたたび望みをかけた。

ところが、一条天皇の生母詮子《せんし》が天皇を動かし、伊周より下位の道長に内覧《ないらん》の宣旨が下った。内覧とは、天皇へ奏上される文書に目を通し、政務を代行することで、摂政関白に準ずる職といってよい。詮子は道長の姉だから、道長のために一役買ったのである。

さらに、道長は六月に右大臣となり、伊周の上位に立つ。翌長徳二年（九九六）には伊周が失脚し、道長は七月に左大臣へ昇進した。当時、左大臣は臣下最高の職だった。

その上に太政大臣という職があったが、これは一種の名誉職で、適任の人がいなければ欠員のままにしておく。また、摂政関白は大臣の序列とは別で、別格として扱われた。要するに、道長は実質的に最上位の左大臣となり、彼の地位は安泰だった。だが、道長はそれで満足せず、娘を一条天皇の後宮に入れようと腐心した。

そうしたさなかの長徳四年（九九八）、道長は三十三歳のとき、突如として辞職し、出家したいと願い出る。じつは重病に陥ったのだが、彼を襲ったのは「腰病《ようびょう》・邪気《じゃき》」だった。腰病は腰の痛みだが、邪気は「物怪の仕業」である。辞職、出家を願うくらいだから、よほど激しい苦痛が伴ったにちがいない。

しかし、一条天皇は、

「物怪の仕業だから、落ち着くまで待て」

といって、辞職の願いは聞き入れなかった。やがて道長の病は快方に向かい、半年後にはどうにか外出できるようになった。こうなると、じっとしていられず、道長は娘の入内工作を再開した。

まず長女の彰子である。彼女は長保《ちょうほう》元年（九九九）十一月に入内し、まもなく一条天皇の女御となり、翌年には十三歳で中宮になった。

当時、天皇には中宮定子がいたのだが、道長は強引に働きかけ、定子を皇后とし、彰子を中宮へ押し上げたのである。皇后と中宮とは実質上、まったく同格だったから、一人の天皇に二人の后《きさき》が並ぶことになった。だが、その年の十二月、皇后の定子は媄子《びし》内親王の出産のさい、二十五歳の若さで死去している。

十年後の寛弘五年（一〇〇八年）九月、彰子は敦成《あつひら》親王（後一条天皇）を、翌寛弘六年には敦良《あつよし》親王（後朱雀《ごすざく》天皇）を生んだ。道長には、つぎの皇太子の外祖父という資格ができたことになる。

しかし、寛弘八年（一〇一一）五月、一条天皇は病臥し、一か月後に三十二歳の生涯を終えた。そのあと皇位を継いだのは、三条天皇である。次女の妍子は、三条天皇が即位してすぐに入内し、女御となった。

妍子は十八歳、三条天皇は三十六歳である。三条天皇は分別盛りだったから、左大臣道長のいいなりになりたくない、という気持ちが強い。だが、天皇は病弱で、政務にこと欠くことが少なくなかった。

道長はそれを見て見ぬふりをし、救いの手を差しのべなかったばかりか、逆に嫌がらせ

【藤原氏略系図】

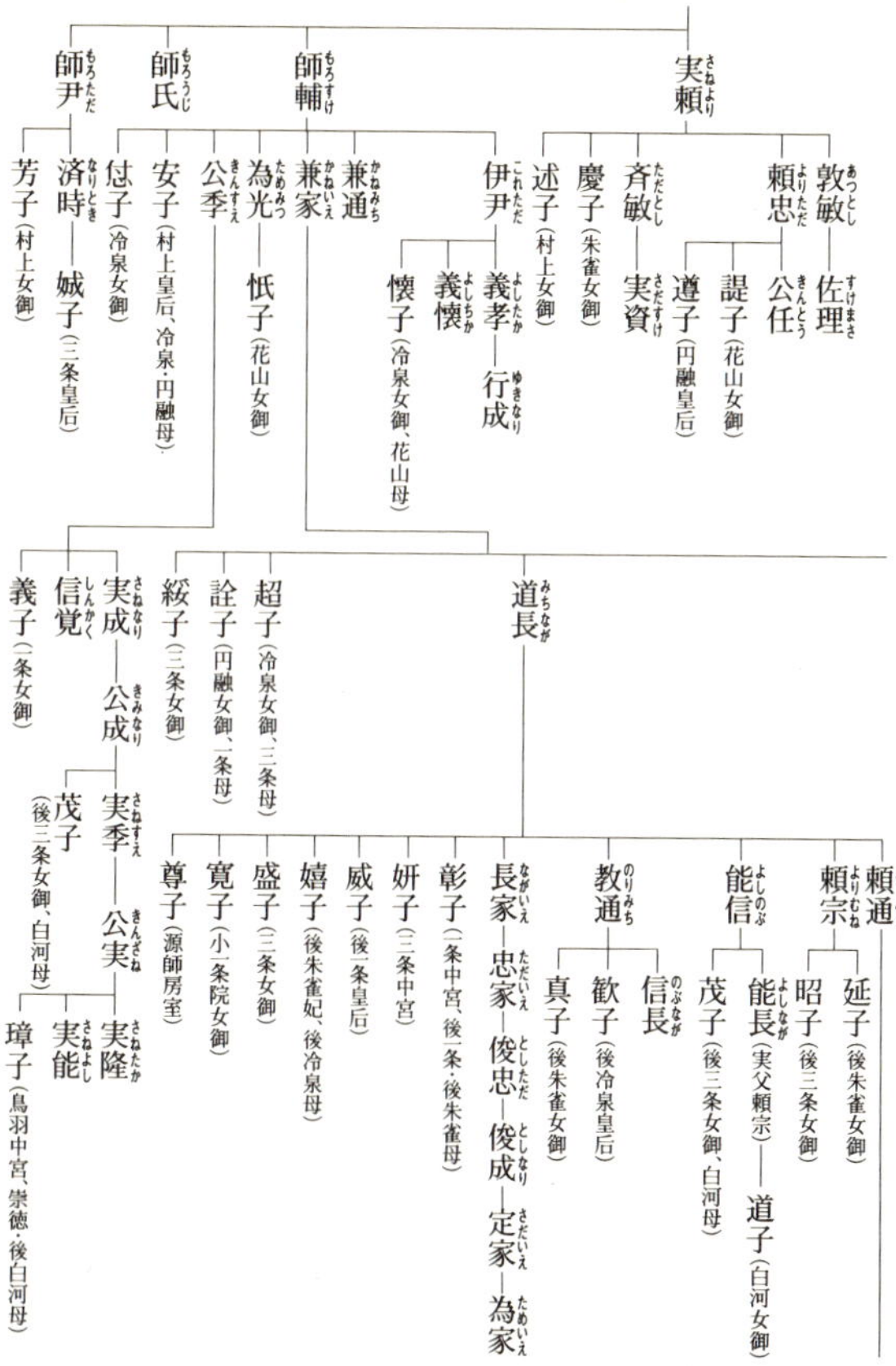
実頼《さねより》
師輔《もろすけ》
師氏《もろうじ》
師尹《もろただ》
敦敏《あつとし》
佐理《すけまさ》
頼忠《よりただ》
公任《きんとう》
諟子（花山女御）
遵子（円融皇后）
斉敏《ただとし》
実資《さねすけ》
慶子（朱雀女御）
述子（村上女御）
伊尹《これただ》
義孝《よしたか》
行成《ゆきなり》
義懐《よしちか》
懐子（冷泉女御、花山母）
兼通《かねみち》
兼家《かねいえ》
為光《ためみつ》
忯子（花山女御）
公季《きんすえ》
安子（村上皇后、冷泉・円融母）
怤子（冷泉女御）
済時《なりとき》
娍子（三条皇后）
芳子（村上女御）
道長《みちなが》
超子（冷泉女御、三条母）
詮子（円融女御、一条母）
綏子（三条女御）
実成《さねなり》
公成《きみなり》
実季《さねすえ》
公実《きんざね》
実隆《さねたか》
実能《さねよし》
璋子（鳥羽中宮、崇徳・後白河母）
茂子（後三条女御、白河母）
信覚《しんかく》
義子（一条女御）
頼通《よりみち》
頼宗《よりむね》
延子（後朱雀女御）
昭子（後三条女御）
能信《よしのぶ》
能長《よしなが》（実父頼宗）
道子（白河女御）
茂子（後三条女御、白河母）
教通《のりみち》
信長《のぶなが》
歓子（後冷泉皇后）
真子（後朱雀女御）
長家《ながいえ》
忠家《ただいえ》
俊忠《としただ》
俊成《としなり》
定家《さだいえ》
為家《ためいえ》
彰子（一条中宮、後一条・後朱雀母）
妍子（三条中宮）
威子（後一条皇后）
嬉子（後朱雀妃、後冷泉母）
盛子（三条女御）
寛子（小一条院女御）
尊子（源師房室）

をした。

たとえば、長和《ちょうわ》元年（一〇一二）、妍子が中宮になったのち、すでに敦明《あつあきら》親王ほかの子を生んでいた娍子《せいし》が皇后になっている。このとき、道長はわざと娍子立后の日にあわせて、中宮妍子の参内の日を決めたのである。このため、有力公卿や役人たちは妍子の行列に加わり、娍子立后の儀式に出席したのはわずか数人だったという。

道長の威勢は絶対だったとはいえ、天皇を尊重しないわけにはいかない。しかし、道長は尊重するような態度を取りながらも、悪辣なやり方で天皇の意向を妨げた。

悪いことに、三条天皇は眼病を患い、左の目が失明したばかりか、片耳も聞こえなくなった。道長はさりげなく、天皇に譲位を迫る。彰子が生んだ敦成親王を皇位につけようとしてのことだった。

天皇の病はいっこうに快方へ向かわない。そこで長和五年（一〇一六）、やむなく譲位を決意し、わずか九歳の敦成親王が後一条天皇となったのである。

このとき、三条天皇は「皇后娍子が生んだ敦明親王を皇太子にすること」という条件をつけたが、翌寛仁《かんにん》元年（一〇一七）、三条天皇が死去すると、道長は敦明親王を辞退に追い込んだ。そのうえ、後一条天皇の皇太子には、天皇の弟にあたる敦良親王をつけた。こうして道長は、外孫でかためたのだ。

三女の威子は寛仁二年（一〇一八）、後一条天皇が十一歳で元服の式を行なったのち、後宮へ送り込まれた。威子は二十歳で九歳も年上だが、小柄だったので似合っていたといわれる。この年の十月十六日、威子は中宮となった。

しかし、いまの感覚からすれば、男が生母と同母妹、すなわち叔母を妻に迎えるというのは異常だし、こうした近親結婚は法律で禁止されている。だが、古代では同母でなければ兄妹の結婚もさしつかえない、とされていた。

ともあれ、道長は威子の立后によって、喜びは最高潮に達した。わが娘が彰子、妍子、威子と三人も皇后となったのだから、それも無理はない。華やかな饗宴の席上、感きわまった道長は、

「この世をばわが世とぞ思ふ　望月の虧《かけ》たることもなしと思へば」

と詠んだほどである。

道長はそのように、娘たちを入内させるために強引なことをし、人びとの怨みを買った。とくにその前年の寛仁元年（一〇一七）十一月、明子とのあいだに生まれた寛子を、小一条院《こいちじょういん》（敦明親王）へ嫁がせようとしたときは、騒動を引き起こした。

当時、小一条院には延子《えんし》という妻がいた。延子の生年は不詳だが、右大臣藤原顕光《あきみつ》の娘として生まれた。やがて、三条天皇の皇子敦明親王（小一条院）の女御となり、敦貞親王をはじめ二男一女を生む。

顕光は長和五年（一〇一六）、後一条天皇が即位したとき、婿の敦明親王が皇太子となったことから、「将来、自分は天皇の外戚になれる」と、期待した。ところが翌年、道長の策略で夢は破れる。敦明親王は皇太子の辞退に追い込まれ、小一条院と号することになったのだ。

そのうえ、道長は娘の寛子を結婚させるために、延子を小一条院から引き離したのである。延子の嘆きをよそに、小一条院は十九歳の寛子の婿になった。

延子は夫を奪われ、悲嘆に暮れた。父の顕光は立腹して延子の髪を切り、呪詛した。その一年半後の寛仁三年（一〇一九）四月十日夜、延子は悲しみのあまり死んでしまったのである。右大臣藤原実資《さねすけ》の日記『小右記《しょうゆうき》』には、死因は「心労」と記されているが、彼女はすべてに絶望し、生きることに堪えられなかったようだ。

道長は、なんと罪つくりなことをしたのだろうか。だが、道長はすでに寛仁二年の夏ごろから、胸の病を患い、苦しさのあまり、叫び声をあげたほどだという。そのうえ、兄の藤原道兼や三条天皇の怨霊が現われ、道長を苦しめた。その年の秋には急に視力が衰え、ふたたび激しい胸の痛みが襲い、意識を失うほどだった。

寛仁三年三月、道長は出家し、七月には法成寺《ほうじょうじ》の建立を開始させた。さすがの道長も、五十四歳になって来世のことを考えはじめたのである。

壮麗な堂宇がつぎつぎに造営されたが、やがて道長の身の上に不幸が襲っていく。万寿《まんじゅ》二年（一〇二五）、病気がちだった娘の寛子が食欲をなくして衰弱し、七月八日に髪を切って尼の姿になったものの、翌日に息絶えた。夫を奪われて死んだ延子、その父顕光の怨霊が口々に「ああ、せいせいした」と叫んだという。

四女の嬉子《きし》は皇太子敦良《あつよし》親王（後朱雀天皇）の妃になっており、この年、懐妊していた。寛子が死んで一か月もたたぬうち、嬉子は赤斑瘡《あかもがさ》（麻疹《はしか》）を患い、八月五日、十九歳でこの世を去った。

道長はあきらめきれず、嬉子の魂を呼び戻そうと、さまざまな秘法を行なわせている。まもなく葬儀となったが、道長は涙を流しつづけ、言葉がもつれてよく聞きとれないほどだった。

さらに万寿四年（一〇二七）、娘の妍子が病にかかり、衰弱していく。九月十四日、髪

を切って尼の姿になったが、その日のうちに三十四歳で世を去った。道長は妍子に、

「一緒に連れていってくれ」

と号泣したという。

娘たちの死は、道長にとって大きな打撃だった。ましてそのたびに延子や顕光の怨霊が現われ、道長を苦しめる。衰弱して飲食することもできず、さらに背中に腫物もできた。しまいには腫物の毒がまわったらしく、首を振る症状を見せた。こうして十二月四日、道長は六十二歳の生涯を終えた。

世の人びとは「延子や顕光の怨霊の仕業だ」と噂したが、それほど道長の晩年は悲惨だった。

8 藤原元方《もとかた》の怨霊は、七十年も祟《たた》りつづけた!?

平安京ではさまざまな怨霊が人びとにとりつき、災いをおよぼした。とくに都の人びとを驚怖させたのは、中納言藤原元方《もとかた》の怨霊だった。なんと、七十年間にわたって祟《たた》りつづけたのである。

憲平親王《のりひら》（冷泉天皇《れいぜい》）は精神を病み、元服をすぎたころから奇行が目立ちはじめた。たとえば、鞠《まり》を天井の梁《はり》のうえにのせようとして一日中、蹴りつづけたが、こうした異常な振舞いに宮中の人びとは、

「元方の怨みが怨霊となり、祟っているのだ」

と、身ぶるいしながら噂しあった。親王の奇行は、不吉なことと映ったが、さらに多くの奇妙な出来事がつづいて起こった。

元方は当初、娘の祐姫《ゆうひめ》が村上天皇の女御となり、天暦四年（九五〇）、第一皇子の広平《ひろひら》

親王を生んだことで喜んでいた。天皇には、ほかに左大臣藤原実頼《さねより》、右大臣師輔《もろすけ》、中納言師伊《もろただ》の三兄弟が、それぞれ娘の述子《じゅつし》、安子《あんし》、芳子《ほうし》を入内《じゅだい》させている。そのなかで、祐姫が最初に皇子を生んだのだから、元方は「広平親王が皇嗣となれば、自分の出世も夢ではない」と、ひそかに期待したのである。

ところが、藤原師輔の娘安子も同じ年の五月、第二皇子の憲平親王を生んだ。ふつうなら第一皇子が皇嗣となるところだが、いまを盛りと栄える藤原北家の師輔と、南家の学者にすぎない家柄の元方とでは、その権勢はくらべるまでもない。そのため、憲平親王はわずか三か月で皇太子とされた。

元方の落胆ぶりは、見るも無残だった。それは祐姫も同じで、父娘して身の不運を嘆いたという。元方は身心が衰え、天暦七年（九五三）三月、怨みをのみながら息を引き取った。さらに、広平親王が死去し、祐姫も世を去った。

元方の悲嘆、怨みは、たとえようがなかったのだろう。やがて怨霊となり、皇太子の憲平親王に取り憑く。祈禱がくり返されたものの、憲平親王の奇行はやむことがなかった。

その間、天徳四年（九六〇）に師輔が死に、ついで康保元年（九六四）に安子が、康保四年（九六七）に村上天皇と、あいついで死去した。いずれも「元方の怨霊が災いをなし

【藤原氏略系図】

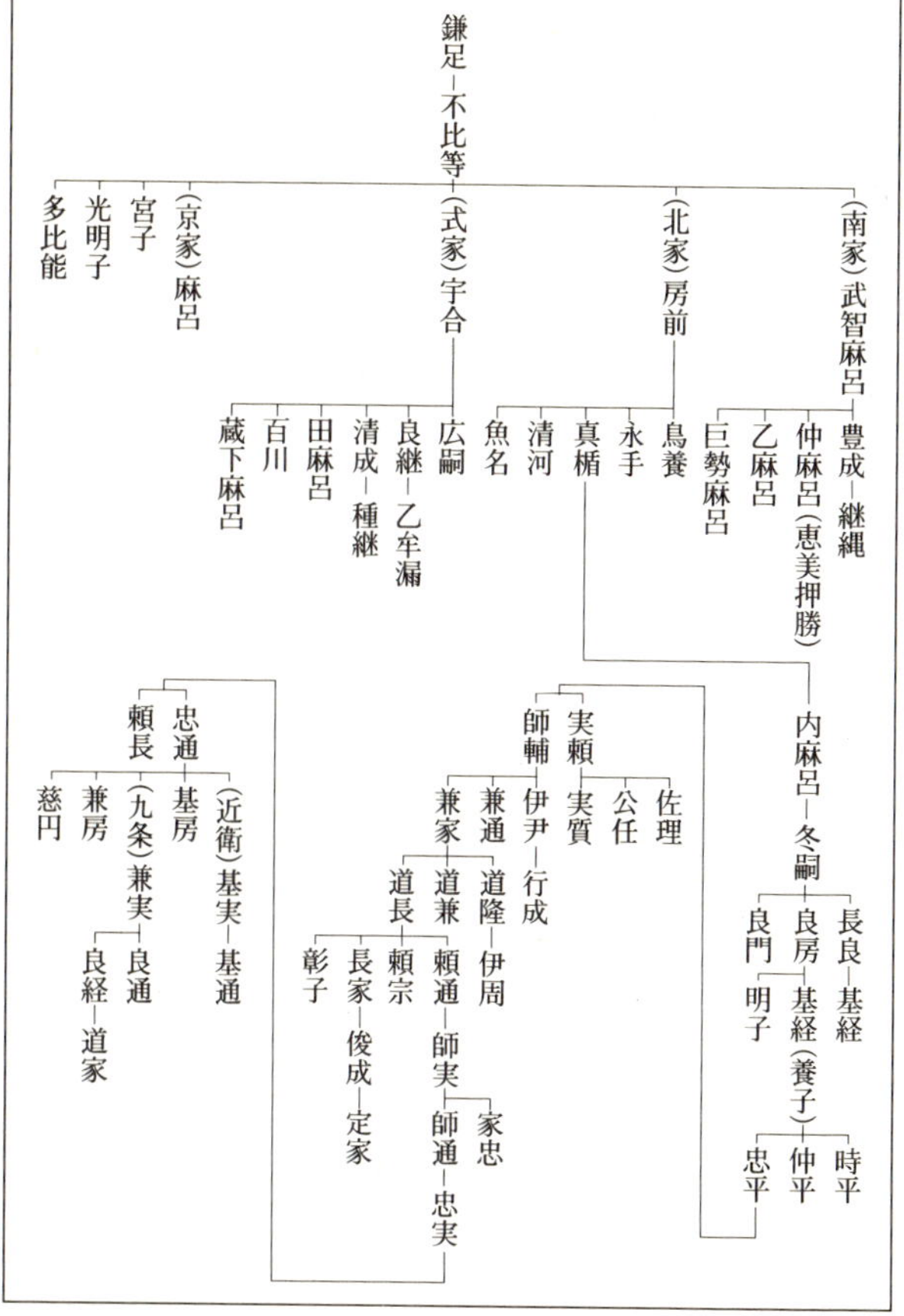

鎌足
不比等
(南家)武智麻呂
豊成
継縄
仲麻呂(恵美押勝)
乙麻呂
巨勢麻呂
(北家)房前
鳥養
永手
真楯
清河
魚名
(式家)宇合
広嗣
良継
乙牟漏
清成
種継
田麻呂
百川
蔵下麻呂
(京家)麻呂
宮子
光明子
多比能
内麻呂
冬嗣
長良
基経
良房
基経(養子)
良門
明子
時平
仲平
忠平
実頼
師輔
佐理
公任
実質
伊尹
行成
兼通
兼家
道隆
伊周
道兼
道長
頼通
師実
家忠
師通
忠実
頼宗
長家
俊成
定家
彰子
忠通
頼長
(近衛)基実
基通
基房
(九条)兼実
良通
良経
道家
兼房
慈円

たのだ」といわれたのである。

そうした一方、天徳四年には延暦十三年（七九四）、平安京に遷都して以来はじめて、内裏が全焼し、三種の神器の一つ、神鏡を焼失するという凶事が起こった。さらに応和《おうわ》二年（九六二）には、鴨川《かもがわ》堤が決壊して洪水となり、不安をかきたてた。

村上天皇が死去した康保四年、憲平親王は十八歳で即位し、冷泉天皇となる。即位式は多くの役人を招き、大極殿《だいごくでん》で華麗に挙行するのが通例だった。大極殿は天皇が政務をとる正殿だが、賀正や即位などの大礼にも使われたのである。しかし、式典を行なっているあいだ、いつ奇行がはじまるかわからない。このため、紫宸殿（内裏の正殿）でひっそりと行なわれた。

冷泉天皇となってもその奇行はおさまらず、政務を執れる状態ではなかった。そこで執政者が必要となり、最長老の藤原実頼が関白太政大臣につき、実権を握っていく。

冷泉天皇の奇行は気の毒としかいいようがないが、大切な儀式のときでも、あたりかまわず大きな声で歌をうたった。そのようなことでは皇位を維持することができない。やむなく在位わずか二年で、皇太弟の守平《もりひら》親王（円融《えんゆう》天皇）に譲位し、上皇となったが、その後、四十二年も生き長らえた。

その間、冷泉天皇は安和《あんな》元年（九六八）に師貞親王《もろさだ》（花山天皇《かざん》）、貞元《じようげん》元年（九七六）に居貞親王《いやさだ》（三条天皇）をもうけている。

しかし、だからといって狂気が癒えたわけではない。放火しようとしたり、火災になって避難するとき、車のなかで「庭火《にわび》」という神楽歌を大声でうたった。また、塀のうえに渡した板のうえを歩くなど、奇行を伝える話は少なくない。

さらに元方の怨霊は、冷泉天皇の同母弟である円融天皇の身におよぶ。円融天皇は永観《ようかん》二年（九八四）八月、まだ二十六歳の若さで、花山天皇に譲位したが、そのとき、病を患い、「元方の霊だぞ」と口走った、と伝えられる。

つぎの花山天皇も寛和《かんな》二年（九八六）、即位してわずか一年十か月後、十九歳で異常な出家をし、皇位を捨てた。この怪事件についてはのちに詳述するが、これも当時は「元方の怨霊の仕業」といわれ、平安京を震撼させた。

その後、元方の怨霊は三条天皇にも祟った。三条天皇は冷泉天皇の皇子だが、寛弘八年（一〇一一）に即位したとき、すでに三十六歳である。しかし、実力者の藤原道長からいやがらせを受け、心労がつづいた。

長和三年（一〇一四）一月二十七日には、天空に彗星が現われて人びとを恐れさせ、二月九日には火災が起こり、内裏のほとんどを焼失した。三条天皇は心痛のあまり、左の目が見えず、片耳も聞こえなくなったのである。薬を服用したり、加持祈禱を行なったが、さっぱりよくならない。翌長和四年になると、眼病はいっそう悪化した。薬の服用や加持祈禱をつづけたのに、効果がなかった。そればかりか、加持祈禱のあいだに、なんと元方の怨霊が現われたのである。元方が死去して、すでに六十二年もたっているのに、元方の怨霊は鎮まらなかったのだ。

九月には内裏が再建されたが、その喜びもつかのま、十一月十七日の深夜、またしても内裏で火災が発生し、炎上してしまった。都の人びとは「天下滅亡のとき」といって恐れたというが、まさに天に見放されたというしかない。

三条天皇の病は、快方に向かうことがなかった。長和五年(一〇一六)一月、ついに退位を余儀なくされたが、世の人びとは「元方の怨霊の祟り」と噂した。天皇は無念の思いに、押しつぶされそうだったにちがいない。退位の翌年、四十二歳で息を引き取った。

藤原元方の怨霊はさまざまな人びとに取り憑き、災いをおよぼした。怨霊の影響が七十年もおよぶとは理解しがたいが、平安京の人びとは疑いもせず、ことが起こるたびに恐れおののいた。

9　崇徳《すとく》上皇は、なぜ異界に転生したのか

保元《ほうげん》元年（一一五六）七月、保元の乱に敗れ、讃岐《さぬき》国（香川県）松山へ配流された崇徳《すとく》上皇は、悲劇の人である。しかも、八年間の配所《はいしょ》暮らしのなかで怨みをつのらせ、「われ、日本国の大魔縁（大悪魔）となりて人の世を呪わん」と叫び、ついに異界に転生した。

なぜ、崇徳上皇は大魔縁と化し、世を呪いつづけたのだろうか。

崇徳上皇は元永《げんえい》二年（一一一九）、鳥羽《とば》天皇の第一皇子として生まれた。母は待賢門院《たいけんもんいん》璋子《しょうし》である。普通なら順調に皇位につき、満ち足りた生涯を送るはずだったが、意外な運命の展開に翻弄《ほんろう》されていく。

当時、政治の実権は白河《しらかわ》法皇の手にあった。このため、法皇は保安《ほうあん》四年（一一二三）、二十一歳の鳥羽天皇を退位させ、まだ五歳の崇徳天皇を皇位につかせたのである。崇徳天

皇に責任はないのだが、これが父鳥羽上皇の憎しみを買う結果となった。

しかし、永治《えいじ》元年（一一四一）、こんどは崇徳天皇が二十三歳のとき、父鳥羽上皇によって、わずか三歳の弟体仁《なりひと》親王へ譲位させられてしまう。親王は近衛《このえ》天皇となったが、生来病弱だったことから久寿《きゆうじゆ》二年（一一五五）、十七歳で死去する。だが、近衛天皇には皇《こう》嗣《し》がない。

崇徳上皇はまだ三十七歳だったこともあって、みずから重祚《ちようそ》することを考える。それができなければ、子の重仁《しげひと》親王に皇位を継がせたい、と願った。ところが、鳥羽上皇はそれを無視し、崇徳上皇の弟で、二十九歳の雅仁《まさひと》親王を即位させたのである。こうして後白河天皇が誕生した。

その後、保元元年七月二日、鳥羽上皇が死去すると、不満を抱いていた崇徳上皇は、後白河天皇にたいして戦いを挑む。七月十一日、摂関家や武家をまき込み、都を舞台に大規模な戦乱となった。保元の乱である。

親子、兄弟が敵味方に分かれて、浅ましい争いを繰り広げたが、結局、崇徳上皇側が敗れて、乱は終息した。崇徳側についた平忠正《ただまさ》、源為義《ためよし》は斬首となり、崇徳上皇は七月二十四日、讃岐へ配流された。

崇徳上皇の生涯は、不運だったというしかない。父の鳥羽上皇に憎まれ、疎《うと》んじられ、しまいには弟の後白河天皇に怒りをぶつけるしかなかった。じつをいうと、そのように運命に翻弄されたのも、出生に秘密があったからにほかならない。

『古事談《こじだん》』はその事情を、つぎのように記している。

「鳥羽上皇の妃である待賢門院璋子は、上皇の祖父白河法皇と密通して崇徳をもうけた。上皇もこれを知っており、崇徳のことを叔父子《おじご》と呼んだ」

つまり、白河法皇は性的に乱脈で、孫である鳥羽の女御を寵愛し、生まれたのが崇徳だったというのである。当時、それは公然の秘密だったらしく、鳥羽はひそかに崇徳を「叔父子」と呼んで嫌悪した。

鳥羽にとって、崇徳は表面上、わが子である。だが、実際には祖父の子であり、叔父にあたる。「叔父子」とは、そういう意味だ。鳥羽上皇は臨終のときでも、崇徳上皇をそばに寄せつけなかったという。

崇徳上皇は後白河天皇と戦って敗れ、讃岐に流されたが、そこでの暮らしはわびしいものだった。毎日、とくになすべきこともなかったから、崇徳上皇は写経にいそしむ。

三年の歳月をかけて、五部の大乗経（華厳経《けごんきょう》、大集経《だいじっきょう》、大品般若経《だいぼんはんにゃきょう》、法華経《ほけきょう》、涅槃《ねはん》経《ぎょう》)を写し終えると、崇徳上皇は父が眠る鳥羽陵へ奉納しようと都へ送った。

ところが、後白河天皇の懐刀として権勢をふるっていた藤原道憲《みちのり》(信西《しんぜい》)が受け取るのを拒み、経は送り返されてきた。

崇徳上皇は激怒し、「もはや生きていても無益だ」と、怨念の炎を燃やす。

「われ、日本国の大魔縁となりて人の世を呪わん。人の世のつづくかぎり人と人とを争わせ、その血みどろを魔界から喜ばん」

崇徳上皇は自分の舌を食いちぎり、流れる血で呪いの言葉を経に記し、海へ沈めた。それからは髪も爪も伸ばしたままで、身の毛もよだつ天狗を思わせる姿になったという。

讃岐に流されて八年、悲憤慷慨《ひふんこうがい》しながら辛い日々をすごした崇徳上皇は、長寛《ちょうかん》二年(一一六四)八月二十六日、四十六歳で息を引き取った。

遺体は暑さを避け、樹木の葉に覆われた泉に漬けておかれた。やがて、朝廷から「白峰《しらみね》山《さん》(香川県坂出市)に葬るべし」との宣下がとどき、白峰山の山頂で荼毘《だび》にふされたのである。白峰山へ送る途中、突如として風雨が襲い、雷鳴がとどろいた。しかも不思議なことに、柩《ひつぎ》から崇徳上皇の血が流れ出し、火葬の煙は怨念ゆえか、風に逆らって都の方角へなびいたという。

ところが、崇徳上皇の死後、さまざまな怪事や凶事が続発し、人びとを恐怖させた。

たとえば翌永万《ようまん》元年（一一六五）六月、病床に伏していた二条天皇は、わずか二歳の皇子順仁《よりひと》親王（六条天皇）に皇位をゆずり、七月二十八日、二十三歳の若さで病没した。

その後、嘉応《かおう》元年（一一六九）十二月二十三日、延暦寺《えんりやく》（滋賀県大津市）の僧徒たちが神輿《しんよ》（みこし）を奉じて入京、内裏に乱入して強訴を行ない、都を混乱に陥れる、という事件が起こった。

安元《あんげん》三年（一一七七）春には畿内で疱瘡《とうそう》（天然痘）が流行、多くの死者が出たし、四月六日には平安京の三分の一、約二万戸を焼き払う大火が発生した。このとき、大極殿《だいごくでん》（天皇が政務を執り、大礼を行なう正殿）まで焼失している。さらに五月には都の上空に妖星が現われ、平安京の人びとは、

「崇徳上皇の怨霊が災いをもたらすのだ」

と噂し、恐れおののいた。

便宜的に崇徳上皇と書いてきたが、じつをいうと、死後は「讃岐院」と呼ばれていた。しかし、あまりにも多くの怪事や凶事が彼の怨霊の祟りとされ、恐怖が広がっていたため、朝廷は怨霊を鎮めるため、七月、正式に「崇徳院」の諡号《しごう》（生前の徳をたたえる称

号）を贈った。

それとともに、保元の乱のときの崇徳上皇に関する宣命《せんみよう》を焼き捨てたし、八月四日には「治承《じしよう》」と改元までしている。しかし、その後も変事はおさまらなかった。治承三年（一一七九）には、平清盛が後白河法皇の院政を停止し、鳥羽殿に幽閉。翌年には平安京に大風雨、落雷、雹が襲い、西日本では旱魃《かんばつ》のため、飢饉が起こった。こうした状況は治承五年までつづき、平安京の餓死者は四万二千三百人に達し、死臭の満ちた年になった。人びとは「崇徳怨霊のなせるわざ」と思い、不安におののいた。

後白河上皇も兄の怨霊に悩まされ、寿永《じゆえい》二年（一一八三）、崇徳上皇の霊を讃岐から平安京の粟田口《あわたぐち》（京都市東山区）へ迎えることにした。当初は御陵をつくるべきだ、との意見もあったが、「怨みをもつ遺骨を都に入れるのは恐ろしい」ということから、洛東の粟田口に粟田宮がつくられたのである。

その後、崇徳上皇の怨霊は消えた。「大魔縁となりて人の世を呪わん」と怨念を燃やした崇徳上皇だが、彼を敗北させた平清盛は栄華をきわめたし、怨んだ後白河上皇も祟りで死ぬこともなく、無事に生涯を終えた。崇徳上皇の怨霊は政治的に利用されたところが大きい。

第5章 死んだはずの人間が生きていた

1 琉球へ渡った源為朝《ためとも》

だれにも引けないような強弓を引き、しかもつぎつぎと敏速に矢を射る名手として知られていた源為朝《ためとも》。ところが、保元《ほうげん》元年（一一五六）七月、天皇家の家督争いと摂関家の家督争いとが結びついて保元の乱が起こり、崇徳上皇方として戦った為朝は敗れ、伊豆《いず》大島（東京都）へ流された。

為朝は保延《ほえん》五年（一一三九）、為義《ためよし》の八男として生まれているから、このとき十八歳である。当時は大島へ流されたとはいえ、それほど拘束されていたわけではない。

やがて為朝は島代官の娘を妻とし、二男一女をもうけた。そればかりか、近くの三宅島《みやけ》や新島《にいじま》、神津島《こうづ》、御蔵島《みくら》など、伊豆の島々を征服し、租税を奪ったり、乱暴をはたらくなど、わがもの顔に振舞った。数十艘の船をつくり、島々を往返するさまは、さながら国司（朝廷の地方官）のようだったという。

こうした為朝の傍若無人の振舞いに恐れをなしたのは、伊豆国を領する狩野茂光《かのしげみつ》である。茂光が上洛して朝廷に訴えたところ、後白河法皇はさっそく茂光を大将とし、為朝追討軍の派遣を命じた。

嘉応《かおう》二年（一一七〇）四月、追討軍五百人余は二十艘ほどの船に乗り、為朝討伐に向かった。大島に近づく船団を見た為朝は「戦い利あらず」とさとり、今生の思い出にと、追討軍の船に一本の矢を放つ。このあと自害して果てたが、為朝は三十二歳だった。

『保元物語』はそのように伝えるが、不思議なことに、為朝は伊豆大島では死なず、琉球（沖縄）へ渡り、琉球王の始祖となった、という話も伝えられている。

為朝は追撃を逃れ、大島を脱出して九州へ渡る。その後、肥後の水俣《みなまた》（熊本県水俣市）から都へ戻ろうとしたところ、船が逆風に流され、琉球の運天港《うんてん》（沖縄県国頭《くにがみ》郡今帰仁《なきじん》村）に漂着した。

この港を運天港というのは、為朝が運を天にまかせて流れ着いたからだという。港の背には、いまも「源為朝上陸之地」と刻んだ碑が立っている。

為朝が運天港に上陸したとき、鎧姿で弓矢を手にしていたものだから、人びとは恐れをなし、すぐ服従した。しかし、ここでは傍若無人の振舞いをしたわけではない。島の暮らしにとけこみ、まもなく為朝は大里按司《おおさとあじ》の妹をめとり、男の子をもうけたのである。この子は尊敦《そんとん》と名づけられた。

しかし、数年もたつと、なんとか都へ戻りたいという気持ちが募る。ついにある日、為朝は妻子をつれて船に乗った。だが、港を出てまもなく、突如、天候が崩れて嵐になり、前へ進むことができなくなった。船頭は為朝に、

「船に女が乗っているので、竜神が怒り出したのですよ。このままでは船が沈みます。どうか、ほかの人びとを救うため、船から女を降ろしてください」

と訴えた。為朝はやむなく船を港へ引き返させ、「必ず迎えにくるから」といって、妻子を船から降ろしたのである。すると、嵐がやみ、船は無事に出港することができた。

妻と子は為朝の言葉を信じ、まもなく港の近くに住まいを移し、為朝が迎えにくる日を待ちつづけた。この港は「待港《まちみなと》」と呼ばれ、のちに転訛して「牧港」になったという。いまの浦添《うらそえ》市牧港である。

ところが、為朝は二度と琉球へは戻ってこなかった。しかし、子の尊敦はたくましく成長し、十五歳のとき、浦添按司となった。つまり、浦添の首長に就任したわけだが、浦添は首里に王府ができるまでの三百年間、琉球最大の都市だった。

さらに尊敦は二十二歳のとき、乱れていた琉球のなかで頭角を現わし、中山《ちゅうざん》王朝の舜《しゅん》天《てん》王になったという。

本当に舜天が源為朝の子だったとすれば、奇想天外なことである。だが、これは慶安《けいあん》三年（一六五〇）、琉球国の摂政羽地朝秀《はねじちょうしゅう》（向象賢《しょうしょうけん》）が琉球初の歴史書『中山世鑑《ちゅうざんせいかん》』を著わしたとき、そのなかで紹介したことだ。

当時、琉球は薩摩《さつま》藩の支配下にあり、薩摩藩と政治的な調和を図りながら、いかに琉球の独自性を保つかが大きな課題になっていた。そのため、羽地朝秀は「琉球人の祖先と日本人の祖先は同一である」という「日琉同祖説」を唱えたのである。

それと同じ流れのうえで、羽地朝秀は為朝伝説を取り入れ、琉球最初の王とされる舜天王の伝説をつくりあげたのではないか、と思われる。つまり、為朝が琉球に渡ったというい伝えは、政治的に利用されたといってよい。

2 俊寛《しゅんかん》は孤島から脱出し、九州へ

安元《あんげん》三年（一一七七）二月、畿内で疱瘡（天然痘）が流行し、人びとのあいだに不安が広がった。やがてそうした不安に油を注ぐように、平安京で不穏な出来事が起こる。

五月のことだが、都の東郊、鹿ヶ谷《ししがだに》（京都市左京区）の山荘で、法勝寺《ほっしょうじ》執行《しゅぎょう》の俊寛《しゅんかん》、後白河法皇の近臣藤原師光《もろみつ》（西光《さいこう》）、大納言藤原成親《なりちか》・成経《なりつね》父子、検非違使《けびいし》尉《のじょう》の平康頼《やすより》ら法皇側近が集会し、平家打倒の密議をこらしたのだ。

ところが、六月一日、仲間の多田行綱《ただゆきつな》の密告によって陰謀が発覚し、その日のうちに一味が捕えられたのである。

当日、まず師光が斬首となり、二日には成親が備前《びぜん》（岡山県南東部）に流されたうえ、殺された。ついで三日、俊寛、康頼、成経の三人が絶海の孤島、鬼界島《きかいがしま》へ流罪となった。

この鬼界島は一般的に、鹿児島県大隅諸島の硫黄島《いおう》とされているが、別に奄美大島の東方にある喜界島とする説もある。

いずれにせよ、『平家物語』によると、その島は都から遠く、おぼろげで、船で到着することもできないし、ほとんど人の姿を見ることがないという島だった。さらに、島には火山があって、硫黄臭が満ちていたという。

三人は木の芽を摘み、貝を拾うなどして飢えをしのぎ、助けあいながらやっとのことで生き延びていた。やがて一年後の治承《じしょう》二年（一一七八）、清盛の赦免文が出た。

しかし、船旅は長く、困難なことが多い。七月下旬に出発した使者の船が鬼界島に到着したのは、なんと九月二十日ごろのことである。突如、姿を現わした船を見て、三人は狂喜した。

使者が上陸し、赦免文を渡す。そこには「高倉天皇の中宮徳子が懐妊し、その安産祈願のために大赦が行なわれることになった」とあり、成経と康頼を赦免する旨が記されていた。しかし、いくど読み返してみても、俊寛の名はない。俊寛は、

「そもそもわたしたち三人は罪も同じだし、配所も同じだ。それなのになぜ、赦免のときに二人が呼び返されて、一人だけがここに残されるのか。平家の思いを忘れたのか、それとも執筆の誤りか。これは一体、いかにしたことか」

といい、天を仰ぎ、地に伏して泣き悲しんだ。

だが、船は俊寛を無視し、出発しようとする。俊寛はあきらめきれず、海水に入って綱や船に取りつきながら、

「どうしても俊寛を捨てていくのか。これほど無情だと思わなかった。なんとか、まげて船に乗せてもらえまいか。せめて九国《きゆうこく》（九州）まで」

と哀願する。

「いくらいわれても、なにもできない」

都からの使者はそういいながら、船縁《ふなべり》にとりすがる俊寛の手を引き離し、ついに船を漕ぎ出させた。

俊寛はやむなく渚に戻ると、倒れ伏し、幼子《おさなご》が乳母《めのと》や母を慕うように足ずりをし、

「乗せてゆけ！　連れてゆけ！」

と、わめき叫んだ。しかし、無情にも、船は白波をたてて遠ざかっていった。

その後の俊寛は、見るも無残だった。『平家物語』によると、蜻蛉《とんぼ》のようにやせ衰え、髪はぼうぼうと伸び、破れつくしたボロをまとっていたという。こうして失意のうちに治承三年（一一七九）、息絶えたと伝えられている。

じつをいうと、俊寛は都で有王《ありおう》という少年を召し使っていた。有王は心配のあまり、俊寛をたずねて鬼界島へ赴く。途中、さまざまな苦労をするのだが、鬼界島に着いたとき、俊寛は衰弱しきっていた。俊寛が息を引き取ったのは、それからまもなくのことである。有王は遺体を火葬にし、骨を拾うと、それを布に包んで首にかけて帰途についた。

有王は俊寛の遺骨を高野山に納めて出家し、諸国七道をめぐり歩き、俊寛の後世を弔《とむら》ったという。

ところが、俊寛は鬼界島では死なず、有王に救い出されて九州へたどり着いた、という話も残っている。これが事実なら奇怪な出来事だが、俊寛は船旅の途中、病を患い、荒崎の津に上陸する。そこで山内寺に身を寄せ、療養したものの、ついに死んだのでこの地に葬ったという。いまの鹿児島県出水《いずみ》郡野田町である。

九州には、俊寛ゆかりの地が多く、別のいい伝えによれば、俊寛は有王に伴われ、配所を抜け出すと、脇本（鹿児島県阿久根市）に上陸した。やがて、川のあたりに小さな庵をつくり、ここに住んだ。このため、川を僧都《そうず》川、庵を僧都館と称したという。

さらには、鬼界島は伊王島《いおうじま》（長崎県西彼杵《にしそのぎ》郡伊王島町）とする説もある。

それによると、俊寛、成経、康頼の三人は伊王島に流されたが、大赦によって成経と康頼が赦免になった。このとき、二人は俊寛を哀れに思い、船底にしのばせて肥前の嘉瀬《かせ》の津（佐賀市嘉瀬町）までつれてきた。

嘉瀬の津といっても、いまは川が運んだ土砂が堆積し、内陸になっているが、当時は有明海に面した重要な港だった。成経と康頼は、さらに都へ向かったが、俊寛は赦免されたわけではないので、嘉瀬に隠れ住んだ。

俊寛に同情し、庇護する者が現われたため、俊寛は法勝寺を開き、安穏な暮らしをしたが、それは長くはつづかない。きびしい流人生活がたたって、一年ほどのちの治承四年（一一八〇）、ついに嘉瀬の地で死んだと伝えられる。

成経と康頼が赦免されたのに、俊寛だけは赦されず、一人で孤島に果てたという生涯は、悲惨このうえない。俊寛の最期を知って、同情を寄せる人も少なくなかったろう。

俊寛が鬼界島から脱出し、九州で生きのびたという伝えにしても、いまとなっては確認のしようがないし、それが事実だったにせよ、先の嘉瀬の伝承でわかるように、俊寛はそれほど長くは生きていなかった。

嘉瀬は鬼界島へ流人や生活物資を送るなど、往来の拠点となっていたらしい。実際、赦免された成経と康頼もここに着き、しばらく風待ちをしたあと、翌治承三年一月、上洛の

途につく。

二人は三月、都に帰ってきたわけだが、成経はもとのように後白河法皇に召し使われる。康頼は仏門に帰依して双林寺《そうりんじ》（京都市東山区）の山荘にこもり、『宝物集《ほうぶつ》』という物語を書いた。

成経と康頼は嘉瀬に滞在した数か月、出あう人びとに島での苛酷な暮らしを話して聞かせたにちがいない。俊寛が一人残され、きびしい孤島で息絶えるというのは、想像するだけでも胸が痛む。そうしたことから、時代が経るにしたがって、嘉瀬の人びとのあいだに「俊寛が生きて島を脱出し、この地で死んだ」という話が語られるようになったのかもしれない。

そうした一方、山口県長門《ながと》市、奈良市などに俊寛の墓があるし、三重県桑名《くわな》市、富山県小矢部《おやべ》市などには俊寛塚がある。これでは俊寛が鬼界島を脱出したあと、各地をめぐり歩いたことになるが、そうではない。地方をめぐる僧たちが俊寛のその後を語り歩き、その過程で事実に誇張が加えられ、虚実入りまじる物語になった可能性がなくもない。

3　敗死したはずの以仁王《もちひとおう》は、北へ落ちのびた!?

平安末期の治承四年（一一八〇）、以仁王《もちひとおう》は反平氏派の武将源頼政《よりまさ》の勧めにより、令旨《りょうじ》を発して平氏追討に動いた。

ところが、諸国の源氏が集まらぬうちに、動きを察した平氏勢に攻撃され、企みは失敗してしまう。以仁王は宇治の平等院（京都府宇治市）で、平知盛《とももり》、重衡《しげひら》らの軍勢に攻められ、流れ矢に当たって死んだ。

通常の歴史ではそのように伝えられているが、以仁王は死なず、福島、新潟の山奥へ落ちのびた、という話が残っている。当時から「以仁王は死なずに生きている」との噂が流れていたが、これが事実とすれば奇怪というしかない。なぜ、そうした噂がささやかれたのだろうか。

以仁王は仁平《にんぴょう》元年（一一五一）、後白河天皇の第二皇子として生まれた。母は権大納言藤原季成《すえなり》の娘成子である。

以仁王は幼いころから聡明といわれたが、さらに管弦や詩歌にもすぐれた才能を発揮した。皇位を望む気持ちも強かったらしい。しかし、母の成子は摂関家の出身ではなく、以仁王は親王宣下をうけることもなかった。

後白河天皇は保元三年（一一五八）、三十二歳のとき、十六歳の二条天皇に譲位し、上皇となった。だが、永万《ようまん》元年（一一六五）、二条天皇は二十三歳で病死。つぎに立てられたのは、わずか二歳の六条天皇である。その六条天皇も五歳のとき、祖父の後白河天皇に退位させられ、十三歳で病死してしまった。

そのころは、すでに世は平氏の全盛時代で、後白河上皇の寵愛をうけた平滋子《しげこ》が二十歳のとき、憲仁《のりひと》親王を生み、上皇もこの憲仁親王を皇位につけようと考えていた。仁安《にんあん》三年（一一六八）、親王は八歳で即位し、高倉《たかくら》天皇となった。

以仁王は、すでに十八歳である。不遇の日々を余儀なくされたうえに、異母弟に飛び越されて、ひどく打ちのめされた。

その後、治承三年（一一七九）、平清盛がクーデターを起こし、後白河法皇を鳥羽殿に幽閉して政権を奪う、という事件が起きた。政治は高倉天皇の名で行なわれたが、天皇は清盛の娘婿だし、まだ二歳の皇太子言仁《ときひと》親王（安徳天皇）は孫である。実権は清盛が握っていた。翌治承四年二月には高倉天皇が退位し、三歳の安徳天皇が即位する。

失意の日々をすごしていた以仁王にとって、平氏専横は許しがたいものだった。だからこそ、平氏への怒りがふつふつと湧いてくる。そうした折の治承四年四月、源頼政がひそかに以仁王を訪れ、

「あなたが平氏討伐の令旨を発すれば、必ずや源氏は挙兵するにちがいない。平氏を倒したのちは、あなたが皇位につくべきだ」

と説いたのである。

以仁王は挙兵を決意し、さっそく諸国の源氏に平氏追討の令旨を出す。以仁王はこのとき、三十歳だった。

ところが、諸国の源氏がまだ結集しないうちに、この企みは平氏に知られてしまう。清盛はただちに以仁王の配流を決定し、逮捕を命じた。

以仁王をはじめ、頼政らが琵琶湖畔の園城寺《おんじようじ》（三井寺、滋賀県大津市）に立て籠《こも》っていたところへ、平氏勢が攻めてくる。以仁王はやむなく脱出し、興福寺（奈良市）を頼ろうとした。しかし、その途中、宇治の平等院付近で平氏勢に追いつかれ、宇治川をはさん

で合戦となってしまった。頼政はよく戦ったが、戦況に利あらず、力尽きて切腹した。以仁王は敗走中、平氏勢の追跡をうけ、流れ矢に当たって戦死した。五月二十六日のことである。こうして以仁王は、三十歳の悲運の生涯を閉じた。

しかし、以仁王の首級を持ち帰ったとき、確認した人もいたが、「以仁王ではない」と、疑問視する声もあった。九条兼実《かねざね》も日記『玉葉《ぎょくよう》』のなかで、「以仁王が生存しているとの噂がある」と記している。

首級を見ても疑いがあったのは、以仁王が忍び隠れるように暮らしていたため、顔を知る人が少なかったからだ。そうした背景と以仁王への同情から、「以仁王は死なずに生きている」と噂されるようになった。

いい伝えによると、以仁王は平等院付近から脱出し、ひそかに東国へ向かった。

群馬県と福島県との境に、水芭蕉で知られる尾瀬ヶ原《おぜがはら》が広がり、尾瀬沼がある。以仁王の一行がここまで逃れてきたとき、侍臣の尾瀬中納言頼実が病で死ぬ。尾瀬という地名は、その尾瀬中納言にちなんでつけられたという。

以仁王の一行はその後、檜枝岐《ひのえまた》（福島県南会津郡檜枝岐村）に出て、さらに北へ向かって大内宿《おおうちじゅく》（南会津郡下郷町《しもごうまち》）に入った。

ここには以仁王を祀る高倉神社があり、いい伝えも残っている。それによると、以仁王一行がこのあたりを通ったとき、石川貞光という者が以仁王を討とうとして斬り込んだ。ところがその瞬間、ふいに空に黒雲が湧き、激しい雷鳴がとどろいたのである。このため、貞光はついに以仁王を討つことができなかった。村の人びとは、以仁王の不思議な徳に感銘をうけ、のちにこの神社を建立したのだという。

以仁王一行は、さらに会津から越後山脈へ入り、八十里《はちじゅうり》越《ごえ》という峠を越えてすぐの吉《よし》ケ平《がひら》（新潟県南蒲原郡下田《しただ》村）に住みついた。しかし、残念ながら以仁王一行は、そこでどのように暮らしたかについては伝えられていない。

果たして、以仁王が本当に会津へ、新潟へと逃れていったかどうか、わからない。平家の落人伝説のように、以仁王と行動をともにしていた男たちがそれらの土地に住みつき、以仁王がやってきたかのように伝えられた、という可能性もある。悲運な以仁王の生涯がこの地で語られ、やがて落ちのびた、という話になったのかもしれない。

4 入水《じゅすい》した平維盛《これもり》は、紀伊山中に隠れ住む!?

平清盛《きよもり》の孫維盛《これもり》は、ある意味で平家滅亡を早める原因をつくった。

父重盛《しげもり》は武勇にすぐれていたが、病がちで、治承三年（一一七九）、四十二歳のとき、死去してしまった。維盛は二十三歳。当然ながら、維盛が平家総帥の地位を継ぐはずだったし、清盛もそれを期待していた。

ところが、維盛には武将としての器量が乏しく、失策をつづけた。たとえば、治承四年十月二十日の富士川合戦である。維盛は平家の大軍をひきいて富士川の河口付近に布陣し、源頼朝の軍勢と対峙していたところ、ふいに水鳥の大群が飛び立った。

維盛らはその羽音を頼朝勢の襲来と勘ちがいし、一戦を交じえることもなく、潰走したのである。

さらに寿永《じゅえい》二年（一一八三）五月十一日には、礪波《となみ》山の倶利伽羅《くりから》峠（富山・石川県境）

で木曾義仲の軍勢と戦い、大敗を喫した。維盛は命からがら都へ逃げ帰ったが、こうした維盛の失策が平家滅亡を早めることになった。

その間、清盛は治承五年（一一八一）閏二月四日、孫に失望しながら死去している。清盛のあとは宗盛《むねもり》（重盛の弟）が継いだものの、勢力を盛り返すのは困難だった。こうして宗盛は寿永二年七月二十五日、安徳《あんとく》天皇、建礼門院徳子《けんれいもんいんとくこ》を伴い、西海へと赴く。

維盛もむろん同行していた。しかし、寿永三年三月十五日、源氏の軍勢と対陣中の屋島《やしま》（香川県高松市）から出奔してしまった。いわば敵前逃亡をしたわけだが、その後の消息は定かではない。

『源平盛衰記《げんぺいせいすいき》』は鎌倉へ投降する旅の途中、病死したという。だが、『平家物語』では那智（和歌山県東牟婁《ひがしむろ》郡那智勝浦町）の沖で入水した、としている。

『平家物語』によると、維盛がつれていた部下は与三兵衛《よそうべえ》重景《しげかげ》、石童丸《いしどうまる》、武里《たけさと》の三人だった。彼らは小舟に乗り、屋島から鳴門を経て、紀伊加太浦《かだのうら》（和歌山市）に着く。やがて高《こう》野《や》山に登り、知りあいの滝口入道を訪ね、出家したのである。

しかし、維盛にとって、そこも安住の地ではなかった。まもなく彼らは山伏姿に身を変え、高野山を降りると、さらに南の護摩壇《ごまだん》山へ登り、平家の行く末を占う。だが、凶と出たため、維盛は失望し、那智のあたりから小舟で沖へ出て入水したのである。これが二十八歳のことだった。

不思議なことだが、その後、紀伊半島を中心に「じつは、維盛は死なずに生きている」という話が広まった。徳川光圀《みつくに》の命によって編纂された『大日本史』のなかにも、

「平維盛は熊野へゆき、舟に乗って那智の海に出る。海に入って死ぬのだ、と偽りをい い、牟婁郡藤縄に隠れた」

と記している。

維盛は色川村（那智勝浦町）で庇護をうけ、山中の藤縄の森に隠れ住んだ。やがて庄屋の娘を妻に迎え、子をもうけた。色川家がその末裔だという。

また、維盛は龍神《りゅうじん》村（和歌山県日高《ひだか》郡）にひそんだ、という伝説もある。この地には「御屋敷跡」が残っているが、これは維盛と愛妾お万の方が住んだところとされる。二人は仲むつまじく暮らしたが、やがて維盛は龍神村を去っていく。そのとき、お万の方は悲しみ嘆き、

「わたしには、もう化粧をしてみせる殿御はいない」

といって、滝に白粉《おしろい》と紅を捨て、淵から身を投げた。白粉が落ちたところが白壺、紅が

落ちたところを赤壺といい、身を投げた淵はお万が淵と呼ばれるようになったという。『紀伊続風土記』は江戸幕府の命によって、和歌山藩が天保《てんぽう》十年（一八三九）にまとめたものだが、そのなかでは上湯川（和歌山県有田郡清水町）を維盛ゆかりの地としている。『平家物語』には、維盛の一行が熊野へ落ちていく途中、源氏方に寝返った湯浅宗光《ゆあさむねみつ》に出会ったものの、宗光はそれを見逃してやる、という場面が出てくる。上湯川は、宗光の所領だった。

そうした縁があったからだろうか。『紀伊続風土記』によると、維盛は宗光の庇護をうけて上湯川に隠れ住む。

維盛の父重盛は平安京の小松に屋敷をかまえていたことから、小松殿とか、小松内府と呼ばれていた。内府とは、内大臣のことである。維盛は、上湯川では父の俗称にあやかり、名を小松弥助と変えた。維盛はこの地で平穏に暮らし、元久《げんきゆう》元年（一二〇四）、四十八歳で死去したという。

これ以外にも、奈良県宇陀郡曾爾《そに》村では、維盛が佐田神社に隠れ住んだと伝えられ、同じ奈良県では吉野郡野迫川《のせがわ》村に維盛塚、十津川村に維盛の墓が残っている。また、三重県安芸《あげ》郡芸濃《げいのう》町河内《こうち》にも「平維盛之墓」という石碑があるなど、維盛ゆかりの地は多い。

しかし、それらの地に伝わっている話がすべて事実とすれば、維盛は源氏方の目を恐れて各地を転々と逃げまわったことになる。いくら武将の器量に乏しいとはいえ、そこまでする必要があったのだろうか。

壇ノ浦合戦で行方不明になった平家の残党のなかに、藤原忠光という侍大将がいた。『吾妻鏡《あずまかがみ》』には、忠光のその後が記録されている。

建久《けんきゅう》三年（一一九二）一月二十一日、鎌倉で永福寺《ようふくじ》の新築工事が行なわれていた。その工事現場で働く人夫のなかに、左目の見えない不審な男がいたため、役人は頼朝の前に連行して詰問したところ、「自分は藤原忠光である」と名乗った。

さらに強く責めると、数日前から鎌倉に入り込み、頼朝の命を狙い、動きまわっていたことを白状した。このため、一か月後の二月二十四日、忠光は六連《むつら》（横浜市金沢区六浦）の海岸で斬首となり、首が晒《さら》された。このような果敢な武士もいたのである。

むろん、維盛は忠光とはちがう。どちらかといえば、気持ちがやさしく、合戦を嫌う傾向があったらしい。ときには桜花をかざして舞ったりしたが、その姿が美しかったため、桜梅少将と通称されるほどだった。

ところが、維盛の死については、那智の沖で入水したとか、鎌倉へ向かう途中で病死し

たとか、判然としない。そこに生存説が生まれる要素があった。

しかし、悲劇の英雄というわけでもないから、維盛への同情や哀惜の思いが起こり、どこかで生きていてほしい、という願望が高まったとも思えない。

それでも、維盛の不可解な行動は各地に散らばった平家残党のあいだで話題になったろうし、高野山や熊野三山の信仰にかかわる僧たちが維盛とかかわりのある地で、維盛の霊を慰めるために、壇をつくって祀ったであろうことは、容易に想像がつく。おそらく、そうした壇が後世、墓とか塚と称されるようになったのではあるまいか。

5　海に沈んだ安徳《あんとく》天皇は、対馬《つしま》で生きのびた⁉

「驕《おご》れる者は久しからず」という。元暦《げんりゃく》二年（一一八五）三月二十四日、平家一門は壇ノ浦（山口県下関市）で源氏の軍勢に敗れ、ついに滅亡してしまった。

このとき、平清盛の妻二位尼時子《にいのあまときこ》は、八歳の安徳天皇を抱きあげると、

「わたしは女の身だが、敵の手にかかって死ぬようなことはさせぬ。幼帝のお供をいたします。心ある者はつづくがよい」

といい、船端から海中へ身を投げて死んだ。

安徳天皇は高倉天皇を父に、清盛の娘建礼門院徳子を母として生まれたから、二位尼は外祖母にあたる。

『平家物語』によると、二位尼は喪服である鈍色《にびいろ》（薄墨色）の衣をまとい、宝剣を腰に差していた。安徳天皇はといえば、その端整さはあたりも照り輝くばかりで、長い黒髪が背

中まで垂れている。美しい娘のようだった。二位尼は、

「波の下にも都がございますよ」

と慰めながら天皇を抱き、海に沈んだという。

しかし、鎌倉幕府がのちにまとめた史書『吾妻鏡』では少し異なり、按察局が天皇を抱いて入水《じゅすい》し、二位尼は宝剣をもって海中に没した、と記されている。

どちらにせよ、安徳天皇が海へ身を投じたのはまちがいない。ところがその後、「安徳天皇は生きている」との噂が、西国を中心に各地で広まったのである。これが本当なら、じつに奇怪な出来事といわなければならない。

では、安徳天皇はどこへ逃れたのだろうか。

一説に、安徳天皇が入水したと見せかけた平家方では、二位尼、平知盛《とももり》、平資盛《すけもり》らが、幼帝を奉じて逃れ、対馬の厳原《いづはら》（長崎県下県《しもあがた》郡厳原町）に住みついた。安徳天皇はこの地で、七十余歳の天寿をまっとうしたと伝えられ、厳原には安徳天皇陵参考地が現存する。

対馬藩主宗氏の始祖は、対馬国衙《こくが》の在庁官人惟宗知宗《これむねともむね》とされるが、対馬の伝説によれば、彼は壇ノ浦から逃れた安徳天皇だった。つまり、安徳天皇は対馬へ落ちのび、宗氏の

始祖となり、厳原で七十余歳の生涯を終えたというのだ。

しかし、宗氏が江戸幕府に提出した系譜によると、知宗は平家の主将平知盛の三男とあるから、清盛の孫ということになる。宗氏は平家の末裔という説が一般的だが、それにしても安徳天皇が生きのびて、対馬で宗氏の始祖になったというのは、まことに奇怪というしかない。

そのほか、四国にも安徳天皇の足跡を物語る伝説が多い。祖谷山《いややま》地方（徳島県三好郡）は、平家落人の里として知られているが、ここにも安徳天皇が住んでいたといういい伝えがある。

平知盛の次男国盛は、二百余騎の手勢をひきいて最後まで戦ったものの、敗色が濃くなると、一目散に逃れた。しかし、源氏の軍勢は執拗に追いつづけてくる。平家一門はそれを振り払うようにして、讃岐の志度《しど》（香川県大川郡志度町）へ渡り、さらに山越えをして阿波《あわ》（徳島県）に入った。

ここまできても、「いつ源氏の軍勢に追いつかれるかわからない」という不安がつきまとう。そこでふたたび歩きつづけ、祖谷山にたどり着いた。

彼らが逃げつづけたのは、たんに命が惜しかったからではなく、安徳天皇を奉じていたからだという。安徳天皇は、国盛ら三十余人の一行に守られ、祖谷山の岩屋で年を越したあと、阿佐名《あさな》(徳島県三好郡東祖谷山村)に住みついた、というのである。この地の阿佐家は平国盛の子孫とされ、平家の赤旗が伝えられている。

四国では、土佐の椿山(高知県吾川郡池川町)にも安徳天皇が逃れてきた、という伝説がある。

平家一門が安徳天皇を奉じ、四国の山中へ落ちのびたあと、やっとの思いで、人が入り込まないような椿山の地にたどり着き、洞窟にひそんで住みつづけた。

ところが、あるとき、僧が川上から流れてきた木椀を見つけて不審に思い、川をさかのぼってみた。こうして発見された天皇一行は、平家の臣滝本軸之助を残し、越知(高知県高岡郡越知町)の御嶽山へと逃れてゆく。

安徳天皇はこの地で成人したものの、二十三歳の若さで息を引き取った。このとき、御嶽山の方角から一羽の白鳥が飛び立ち、椿山の洞窟に入った。そこで社《やしろ》を建て、安徳天皇を祀ったという。

おどろいたことに九州のはるか南、硫黄島《いおうがしま》(鹿児島県)にも安徳天皇や平家の武将たちの墓があるのだ。

この島の長浜家は、安徳天皇の末裔と称し、かつて新聞でも「長浜天皇」と奉じられ、話題になったことがある。長浜家に伝わる古文書によると、壇ノ浦で海中に没したのは安徳天皇ではなく、替え玉だった。

替え玉になったのは、平時房の七歳になる娘だという。安徳天皇は容姿が端整で、長い黒髪が背中まで垂れていた。美少女であればそうした姿に似せることも、さほどむずかしくなかったろう。

安徳天皇は壇ノ浦の戦いに先立つ屋島の戦いのとき、平家の知恵者の計らいで替え玉と入れ替わり、戦場から姿を消す。こうして主力勢と分かれた平資盛をはじめとする軍勢に守られ、海路、硫黄島へ逃れた。やがて皇子も生まれたが、最後まで島から出ることはできず、六十六歳で没したという。

いずれにせよ、安徳天皇が逃れてきたという地は多く、安徳天皇の御陵といわれるものも二十か所ほどある。なぜ、このように不思議な状況が生み出されたのだろうか。

一つには、安徳天皇の死があやふやだったからだ。壇ノ浦の戦いのとき、生母の建礼門院徳子や按察局らは、海中から引き揚げられて助かったのに、天皇と二位尼はついに引き揚げることができず、遺体も発見されなかった。

そのせいか、九条兼実《かねざね》も日記『玉葉《ぎょくよう》』に「旧主の御事、分明ならず」と記した。つまり、安徳天皇の死は確認できず、行方不明だというのである。「入水したのは安徳天皇ではなく、替え玉だった」という説が生まれる要素は、充分にあったといってよい。

しかも、平家の落人が各地に逃れていく。平家滅亡とあどけなくも美しい幼帝の入水という悲劇が語られ、人びとの涙をさそった。それが「生きていてほしい」という願望になってふくらみ、いつしか「生きている」という生存伝説が生まれたのではないだろうか。

第6章　平安京を揺るがす謎の出来事

1 平城《へいぜい》天皇を操った妖女の末路

大同《だいどう》五年（八一〇）九月十二日、藤原薬子《くすこ》はみずから毒をあおって死んだ。薬子といえば、娘を桓武天皇の皇太子安殿《あて》親王（平城《へいぜい》天皇）の妃としたうえ、自分も愛人となり、権勢を誇った女である。なぜ、薬子は死を選んだのだろうか。

薬子は天平神護《てんぴょうじんご》元年（七六五）、桓武天皇の重臣藤原種継《たねつぐ》の娘として生まれた。長じて公卿の藤原縄主《ただぬし》と結婚し、三男二女を生む。公卿の妻として平穏な日々をすごしていたのだが、延暦《えんりゃく》二十年（八〇一）、娘が安殿親王の妃となったことから、薬子の運命も大きく変わった。

みずからも東宮宣旨《とうぐうのせんじ》（女官）として仕えることになったのである。このとき、薬子は三十七歳、安殿親王は二十八歳だった。薬子は中年近い年齢だが、まだ容色は衰えず、むしろ色香に輝いていた。安殿親王は若い花嫁よりも、母親の薬子に熱をあげ、薬子もよろめく。こうして二人は、情交を重ねた。

当時、宮中でも恋愛は自由とされていたが、さすがにこの関係には、多くの人びとが眉をひそめた。たんなる姦通ではなく、母と娘の婿との性関係、つまり母子相姦ということになるからだ。とくに激怒したのは、父の桓武天皇である。「淫らだ」といって、薬子を追い出してしまった。

ところが、延暦二十五年（八〇六）、桓武天皇が七十歳で死去すると、安殿親王は平城天皇として即位する。こうなると、もはやだれはばかることはない。薬子は、尚侍《ないしのかみ》として召されたが、この職はつねに天皇の側近に奉仕する女官の長官である。二人の仲はすぐに復活した。

その一方、夫の縄主を大宰府の帥《そつ》（長官）に任じ、九州へ追いやる。こうして薬子は、気がねなく天皇のそばにはべった。いつも二人で帷房《いぼう》（寝室）にいたし、外出のときには一緒に車に乗り、まるで自分が皇后であるかのように振舞った。

薬子には仲成《なかなり》という野心家の兄がいたが、彼も天皇の愛人となった妹を利用し、左衛士督《さえじのかみ》、右大弁《うだいべん》、観察使を経て、参議の地位にのぼった。

しかし、大同四年（八〇九）になると、もともと病弱だった平城天皇が発病し、食事も

とれないほど症状が悪化した。天皇の病を占わせたところ、

「早良親王と伊予《いよ》親王の怨霊の祟り。天皇の座を退けば治る」

と告げられたのである。

早良親王は桓武天皇の異母弟だが、かつて延暦四年（七八五）、藤原種継暗殺事件のとき、疑いをかけられて淡路島へ追放となった。だが、護送の途中、無実を主張して絶食をつづけ、ついに死んだ。

伊予親王は、平城天皇の異母弟である。彼もまた、大同二年（八〇七）、薬子や仲成の陰謀によって謀叛の罪を着せられ、服毒自殺に追い込まれた。

とくに仲成がこうした陰謀に熱心だったのは、彼自身にあせりがあったからにほかならない。父親の種継が暗殺されたために後押ししてくれる者もなく、他家の同年代の者たちにくらべて出世が遅れていた。それだけに「なんとかして這い上がりたい」という気持ちが強かったのである。

平城天皇は怨霊の祟りに恐れおののき、占いの結果を信じて四月一日、天皇の座を弟の神野《かみの》親王（嵯峨天皇）にゆずり、上皇となった。平城上皇は三十六歳、嵯峨天皇は二十四歳だった。

薬子にしてみれば、得意の絶頂にあっただけに、平城天皇が退位したことが残念でならない。だが、上皇は怨霊の祟りに怯え、不安に耐えられなくなった。このため、平安京内を転々と移り住み、やがて旧都の平城京に宮殿を造り、そこに住んだ。上皇はやっと落ち着きを取り戻したが、それとともに病も急速に回復へ向かった。

ところが、上皇の旧都への転居は、新たな問題を生んだ。平安京に朝廷があるにもかかわらず、薬子や兄の仲成、公卿の一部、多数の官人たちが上皇にしたがって移ったことから、朝廷が二つあるかのような状況になった。むろん、上皇側には政府機能はないが、混乱が生じたのである。まさに異常事態だった。

そうした一方、嵯峨天皇が発病し、床に臥すようになった。朝廷には不安が生じる。薬子はその混乱と不安に乗じ、政権を奪還し、あわよくば重祚《ちょうそ》へ持ち込もうと企む。

「都を平城京へ移し、ふたたび皇位につかれてくださいませ」

薬子は上皇に、そうささやいたのである。

上皇も元気になるにしたがい、復位の気持ちが強まってくる。大同五年九月六日、上皇は突如として、嵯峨天皇に、

「平安京を廃し、平城京に遷都せよ」

と命じた。

嵯峨天皇と朝廷にとっては、青天の霹靂《へきれき》というべき大事件である。しかし、手をこまぬくことはできない。上皇の背後に薬子がいるとなれば、なおさらだった。

天皇側は九月十日、上皇の命を伝えるため、平安京に滞在していた仲成を捕え、獄中で射殺。さらに薬子の官位を剝奪し、上皇の挙兵に備えて軍勢を配置したのである。

だが、薬子も負けてはいない。上皇をせきたてて東国へ赴き、大兵を結集して朝廷に反撃しようとする。九月十一日、上皇は薬子と輿《こし》に乗り、東国へ出発した。やがて翌十二日、大和国添上郡《そうのかみ》越田《こせた》村（奈良市）まで進んだとき、坂上田村麻呂《さかのうえのたむらまろ》の軍勢に阻まれてしまった。

上皇はやむなく平城京へ引き返し、出家した。こうなっては、さすがの薬子にもなすすべはない。すべてをあきらめ、服毒自殺をしたのである。

薬子は美貌と才気で上皇を操り、自分の野望を実現させようとした。上皇と出会ったことで権勢欲にめざめたともいえるが、その最期はいさぎよい。世の人びとには、彼女の死は奇怪に映ったが、薬子は「もし捕えられると配流され、悲惨な日々が待っている。それよりはいっそ死を」と覚悟したのだ。

2　橘逸勢《たちばなのはやなり》は、本当に謀叛《むほん》を企てたのか

承和《しょうわ》九年（八四二）七月十七日、橘逸勢《たちばなのはやなり》は突如、謀叛の罪で捕えられ、二十八日には伊豆へ配流されることになった。ところが、逸勢はその途中で死去してしまう。

逸勢は嵯峨天皇、空海《くうかい》と並び、三筆の一人とされた能書家である。生年は不詳だが、延暦二十三年（八〇四）、遣唐留学生として入唐、長安（西安市）で学んだ。このとき、最《さい》澄《ちょう》や空海、菅原清公《すがわらのきよきみ》（道真の祖父）らも一行に加わっていた。

いってみれば、逸勢は当時のすぐれた文化人だったといってよい。そうした逸勢が謀叛を企てるとは、違和感がある。逸勢は本当に謀叛したのだろうか。

逸勢は帰国後、皇太子の恒貞《つねさだ》親王（仁明《にんみょう》天皇の皇子）に仕える東宮坊帯刀《たてわき》の伴健岑《とものこわみね》とともに、親王を守り立てていた。

当時の政治状況といえば、嵯峨天皇が大同四年（八〇九）に即位してから約三十年、争

いらしい争いはなかった。それというのも、上皇の大家父長的な指導力が大きかったからである。

ところが、承和九年になって、嵯峨上皇が病床につき、再起の望みがないことが明らかになった。そこで次期天皇の座をめぐって、さまざまな思惑が渦巻き、不穏な空気がただよいはじめたのだ。

すでに承和七年（八四〇）には淳和《じゅんな》天皇が没し、仁明天皇（嵯峨天皇の皇子）の世になっていた。皇太子は恒貞親王だが、親王をとりまく健岑や逸勢は、

「もし、嵯峨上皇が亡くなれば、皇太子恒貞親王の身が危うくなるかもしれない」

と、危惧した。

仁明天皇には藤原冬嗣《ふゆつぐ》の娘順子《よりこ》とのあいだに生まれた道康《みちやす》親王がいて、いつ皇太子の座を奪われるか、わからなかったからである。そのうえ、順子の兄にあたる藤原良房が、道康派の中核になっていた。

良房の父冬嗣は左大臣にまで登ったし、良房も権中納言になり、さらに出世の機会をうかがっていたのである。それに良房の妻は、嵯峨上皇の娘潔姫《きよひめ》だった。

その一方、恒貞派には、娘を皇太子恒貞親王の后としていた大納言藤原愛発《あらち》がいる。愛

発は良房の叔父にあたるが、恒貞親王が即位すれば外戚として権勢を振るえるだけに、どうしても恒貞親王に肩入れしてしまう。それに皇太子の近臣中納言藤原吉野《よしの》、恒貞親王の祖母にあたる太皇太后橘嘉智子《かちこ》の影響で台頭した橘氏の人びとがとりまいていた。

このように次期天皇の座をめぐって、二つのグループが対立していたのである。道康派の良房には勢いがあったが、しかし、だからといって、あからさまに恒貞親王を取り除くことはできない。そこでひそかに謀《はかりごと》をめぐらす。むろん、恒貞派もそれに対抗したが、積極的に動いたのは健岑だった。

そうした状況のなかで七月十五日、嵯峨上皇は五十七歳で病没したのである。しかも、そのわずか二日後の十七日、健岑、逸勢らが謀叛を企てたとして、逮捕されてしまった。これを「承和の変」というが、発端は上皇が死去する以前、七月十日に生じた。『続日本後紀《しょくにほんこうき》』が伝えるところによると、その日、伴健岑は平城上皇の皇子阿保《あぼ》親王を訪ね、皇太子を奉じて東国に下り、反乱を起こすよう煽動したというのである。おどろいた阿保親王は、すぐさま嵯峨上皇の妻である橘嘉智子につぎのように密告した。

「伴健岑、橘逸勢らは嵯峨上皇死後の混乱につけ込み、皇太子恒貞親王を奉じ、東国で挙兵する」

嘉智子はその内容を藤原良房に伝え、彼はただちに仁明天皇に報告した。このため、上皇の没後二日目の十七日、近衛の兵たちが健岑、逸勢らの私邸をとりかこみ、彼らをはじめ、同族たちも逮捕したのである。さらに、皇太子恒貞親王を廃した。

同時に平安京は戒厳下におかれ、宇治橋、山崎橋、淀橋など、都へ通じる要路は、武装した兵たちが厳重に警備した。

健岑、逸勢は翌十八日から左衛門府《さえもんふ》で訊問された。拷問も行なわれたが、それにも耐えて罪状を否認しつづけた。しかし、二十八日、首謀者とみなされた健岑は隠岐《おき》へ配流。逸勢は橘朝臣の姓を剝奪され、「非人」として伊豆へ配流となった。だが、逸勢は護送の途中、遠江国《とおとうみ》（静岡県西部）板筑駅《いたつき》で憤死した。

そのほか、大納言藤原愛発、中納言藤原吉野、参議文室秋津《ふんやのあきつ》らも左遷された。この事件で、六十余人が流刑の処分をうけたのである。

一方、道康派は昇進した。数日後のことだが、良房は大納言、源信《まこと》は中納言、源弘《ひろむ》と滋野貞主《しげののさだぬし》は参議になっている。さらに八月、仁明天皇は、十六歳のわが子道康親王を皇太子にたてた。

こうして承和の変は幕を閉じたが、変後の人事異動を見れば明らかなように、良房がシナリオを書いた疑獄事件のにおいが強い。事件の真相は闇の中だが、さまざまな状況を考えれば、良房が妹順子が生んだ道康親王を皇位につけ、藤原の権勢を固めるための陰謀だった、と見るのが自然だろう。

逸勢にしてみれば、巻きぞえを食った感が濃厚で、その悔しさは言語に絶するものだったにちがいない。だから逸勢は、のちに怨霊として蘇《よみがえ》るのだ。

じつは、逸勢には妙沖尼《みょうちゅうに》という娘がいた。逸勢が配流地へ護送されるとき、その娘は泣きながら一行につきまとい、どこまでもついてくる。護送兵たちが追い払っても、きりがない。ついに根負けして、同行を許したのである。

ところが、逸勢は途中で憤死する。娘は号泣したあと、そこに父の亡骸を葬って墓を建てた。さらに墓の前に粗末な小屋を造り、妙沖と号する尼となって、父逸勢の追善供養につとめた。その前を通る旅人たちは、みな同情して涙を流したという。

逸勢が憤死して八年後の嘉祥《かしょう》三年（八五〇）、逸勢の名誉が回復された。罪が解かれたうえに、正五位下が追贈され、都への帰葬も認められたのである。娘の妙沖尼への同情もあったろうが、無実の罪を負って憤死した逸勢への謝罪の意味があったのではないだろうか。

あるいは、逸勢の怨霊への恐れからかもしれない。逸勢の怨霊について、具体的に物語る逸話はないが、貞観《じょうがん》五年（八六三）五月、朝廷が六人の怨霊をなぐさめるために催した御霊会では、橘逸勢の霊の座も設けられていた。

3 応天門《おうてんもん》炎上事件の真犯人は

平安京の大内裏《だいだいり》に、応天門と呼ばれる朱塗の豪華な門があった。朝堂院《ちょうどういん》の正門だが、朝堂院は大内裏の正庁で、役人が政務を執行するほか、即位式や朝賀をはじめ、国家の重要な儀式を行なう建物である。

貞観八年（八六六）閏三月十日の夜、この応天門が突如、炎上するという怪事件が起きた。乾燥した季節だったこともあって、応天門はまたたくまに紅蓮《ぐれん》の炎に包まれ、さらにその左右に立つ棲鳳楼《せいほうろう》、翔鸞楼《しょうらんろう》にも燃え移り、すべてが焼け落ちたのである。都の人びとは、この怪事件に動揺した。

それというのも、三年前の貞観五年（八六三）の春から疫病が蔓延し、平安京から地方へと広まり、多くの人びとが死んだため、人びとは「怨霊の祟《たた》りだ」、と恐れていた。そうしたところに起こった怪火事件だけに、衝撃が大きかったし、不安も高まったのである。

応天門の炎上は、たんなる失火だったのか、それともだれかが放火したのか、原因はまったくわからなかった。しかし、朝廷は原因を追及することよりも、この怪事件をきっかけに、治安が乱れることを恐れた。そこで社寺に諸天の加護を祈願させ、その一方で、各地に警戒することを命じた。

延喜《えんき》元年（九〇一）に撰進された史書『三代実録』は、大納言の伴善男《とものよしお》が左大臣源信《まこと》の失脚を狙って放火。その後、捕えられて、伊豆へ流罪されたと伝えている。だが、本当に善男が放火犯だったのだろうか。

伴善男は古代豪族大伴《おおとも》氏の後裔《こうえい》だが、淳和天皇（在位八二三〜八三三）の名が大伴だったことから、伴と改姓した。彼はやせた男で、目がくぼみ、いかにもずる賢い男という印象をあたえたという。

しかし、すぐれた才能をもつ、やり手の政治家だった。それだけに、善男に非難されて退職に追い込まれた者もいるし、左大臣の源信とは数年前から不仲になっていた。

そのことがあったからだろうか。善男は五月になって、右大臣藤原良相《よしみ》に、

「応天門の炎上は放火であり、左大臣源信の仕業である」

と、密告したのである。おどろいた良相は、さっそく参議の藤原基経《もとつね》に源信の逮捕を命じた。ところが、源信の逮捕劇は太政大臣藤原良房《よしふさ》が握りつぶして、なにごともなく終わった。

良相は良房の弟だし、基経は良房の養子である。おまけに良房の娘明子《あきらけいこ》は文徳天皇の女御となり、清和天皇を生んでいる。良房の権力支配の基盤は、盤石だったといってよい。善男からの訴えを知った良房は急遽、清和天皇に使者を派遣し、源信の無実を奏上したことから、源信への疑いが晴れた。

その後、応天門炎上事件は迷宮入りになるかと思われたが、八月三日になって事態は急転回する。大宅鷹取《おおやけのたかとり》という下役人が、

「伴善男とその息子中庸《なかつね》が応天門に火をつけるのを見た」

と、訴え出たのである。

翌日、鷹取は検非違使《けびいし》庁（検察庁兼裁判所）に拘留され、取り調べを受けた。一方、善男も審問をうけたが、彼はあくまでも犯行を否定した。

そうした状況のなかで、八月十九日、良房に「天下の政《まつりごと》を摂行《せっこう》せよ」との勅が出された。当時、清和天皇は十七歳だったが、元服してまだ二年目である。応天門の炎上事件に

怯え、不穏な世情に嫌気がさし、良房に政を委《ゆだ》ねたわけだ。この結果、良房は名実ともに、摂政《せっしょう》として権力を握ることになった。

ところが、まもなく善男の従者生江恒山《いくえのつねやま》が主人を告発された怨みから、大宅鷹取の娘を殺す、という事件が起こる。八月二十九日、恒山は捕えられ、拷問をうけると、

「真犯人は中庸だ」

と、自白したのである。善男と息子の中庸はかたくなに犯行を否定したが、九月二十二日、刑が決まった。善男は伊豆、中庸は隠岐、従者の紀豊城《きのとよき》、伴秋実《あきざね》、伴清縄《きよなわ》らも、それぞれ安房《あわ》(千葉県南部)、壱岐、佐渡への配流となった。

当時からこの処分は冤罪《えんざい》と考えられ、眉をひそめる者が多かったという。じつをいうと、絶対的な権力を握ろうとする良房にとって、善男ら文人派の有能な官吏たちは脅威だったようだ。そこで、応天門炎上事件によって彼らの一掃を企んだのである。

結果的には、一つの怪火事件を理由に古来からの名門、伴家と紀家とが政界から駆逐されたことになる。応天門炎上の真相は、いまとなっては突き止めようもないが、ただの失火だった可能性が強い。

『今昔物語集』には、伴善男の後日談が紹介されているが、それによるとなんと、無実の

罪で配流された怨みから疫病神になった、というのである。

平安京に風邪が大流行したとき、ある調理人が夜の町を歩いていて、大男に出会った。いかにも怪しい姿なので、調理人は恐れおののいたが、その大男は「わたしは伴善男だ」といい、こう話した。

「わたしは、罪もないのに、配流となった。その怨みを晴らすため、都に疫病を広めて人びとを殺そうと思った。だが、わたしは生前、天皇の恩顧をうけている。だから人を殺すのはやめて、風邪をはやらせるだけにしたのだ」

伴善男はこうして疫病神となり、都に疫病をはやらせたという。都の人びとがそう信じていた背景には「伴善男は無実の罪で伊豆に流されたのだ」という思いがあったようだ。

4 菅原道真《すがわらのみちざね》は、なぜ失脚したのか

さしたる権勢欲もないのに、宇多上皇の信任をえて右大臣にまでなった菅原道真《すがわらのみちざね》だが、昌泰《しょうたい》四年（九〇一）一月二十九日、五十七歳という老年期になっているのに、突如として災難がふりかかった。

「右大臣菅原道真に逆心あり」

として、大宰権帥《だざいのごんのそつ》に左遷されることになったのである。大宰権帥は九州地方の準長官であり、中央政界での失脚を意味した。

なぜ、道真は失脚したのだろうか。

菅原家は代々学問の家で、道真は承和《じょうわ》十二年（八四五）、参議菅原是善《これよし》の三男として生まれた。少年のころから秀才といわれ、十一歳で詩をつくり、二十三歳で文章得業生《もんじょうとくごうしょう》となっている。

当時、学者の子は、まず試験をうけて文章生の資格をとる。文章生の定員は二十人だから、競争は熾烈《しれつ》だった。そのうちの成績抜群の者二人が文章得業生となり、給与をもらいながら七年間、研鑽《けんさん》を重ねて論文試験をうけることになっていた。

道真は難関を突破して文章得業生に選抜され、早くも二十六歳で論文試験に合格。元《がん》慶《ぎょう》元年（八七七）、三十三歳のときに詩文と歴史の最高峰である文章博士になるなど、学者として順調に出世していった。

その後、道真は蔵人頭《くろうどのとう》という重責に抜擢されたが、これは宇多天皇が道真を登用し、藤原氏の専横を抑えようとしたためである。さらに道真は参議、中納言と進んだ。

寛平《かんぺい》九年（八九七）、宇多天皇は醍醐天皇に皇位をゆずり、上皇となった。この譲位のさい、宇多天皇は道真一人を相談相手にしたという。いずれにせよ、上皇は三十一歳だが、天皇はまだ十三歳。政治を執るには若すぎたから、藤原時平を大納言に、道真を権大納言に任じたうえで、

「新帝を輔《たす》けて内外の奏請を行なってほしい」

と命じたのである。

道真は先に述べたように努力もさることながら、宇多天皇の信任をえて異例の累進をと

げた人物である。一方の時平はいまは亡き関白基経《もとつね》の長男で、権勢を振るう藤原氏を代表する人物だった。しかも、道真にくらべて二十六歳も若い。

宇多天皇は、いわば二頭立ての政権を構想したわけである。さらに昌泰二年（八九九）には、時平を左大臣、道真を右大臣とした。当時、時平は二十九歳だが、道真は五十五歳。学者出身で大臣にまで昇進したのは百二十年ほど前、吉備真備《きびのまきび》が右大臣になって以来のことで、当時としては破格の人事だった。

しかし、まもなくこの政権構想は頓挫する。道真に反感を抱く公卿たちが、政務をボイコットするようになったのだ。その背後にいたのは時平である。

むろん、文人貴族たちの反発も大きい。文章博士の三善清行は昌泰三年十一月、道真に書状を送り、あからさまに批判し、政界からの引退を勧めた。

「来年は辛酉《しんゆう》にあたり、変革動乱の年で、二月には干戈《かんか》が動く（戦争がはじまる）だろう。しかも、あなたには禍《わざわい》にあう危険が迫っている。なぜなら、学者出身なのに大臣にまでなり、その栄誉は奈良朝に吉備真備が右大臣になったほか、並ぶ人がいないからだ。このあたりで分際をわきまえ、右大臣の職を退いてはいかがだろうか」

道真は、政界で孤立していった。それに、しだいに成長する醍醐天皇は、若い時平と気があうことが多い。だが、道真が頼りとする宇多上皇は出家し、政治には消極的になっていく。こうした状況のなかで、道真の左遷事件が起こった。

「右大臣道真は、低い身分から大臣にまで取り立ててもらいながら、おのれの分もわきまえず、権勢をもっぱらにしようとして宇多上皇を欺《あざむ》き、天皇の廃立を企んだ。きびしく断罪すべきところだが、温情をもって大宰権帥に左遷する」

との命令が道真に下った。道真を支持していた宇多上皇にも、もはやなすすべはない。

二月一日、道真はあわただしく平安京をあとにし、九州の大宰府へ向かった。むろん、きびしい監視のもとに護送されたわけだが、途中の国々には「食料や馬を支給しないように」との命令が出たというから、苛酷な旅になった。

大宰府での暮らしも、みじめのひとことに尽きる。粗末な家屋で、井戸さえもなかったから井戸を掘らなければならない。老齢で病がちな道真にとって、井戸掘りはつらかったにちがいない。

身におぼえのない捏《でっ》ち上げで九州に追いやられた道真は、すっかり打ちのめされ、苦悩しつづけた。しかも、頼りとする宇多上皇からも、なんの慰めの言葉もない。それがいっそう道真をみじめにした。

道真は詩作をしながら気を紛らわせ、帰国を願ったが、その思いはとどかない。ついに延喜三年（九〇三）、道真は無念に思いつつ、五十九歳の生涯を終えたのである。

道真が左遷された理由は「天皇の廃立を謀《はか》った」ということだが、むろんこれは時平らの策謀によるものだ。道真が失脚したのち、時平が政治の主導権を握ったし、大納言源光が右大臣に、中納言藤原定国《さだくに》（内大臣藤原高藤の子）が右近衛大将《うこんえのたいしょう》を兼務するなど、時平派が中枢を占めたことからも、それがうかがえよう。

もう一つ、道真が時平らに警戒されたのは、娘たちを宮中に入れていたからだ、という見方もある。道真は娘を、宇多天皇やその第三皇子斎世《ときよ》親王（醍醐天皇の異母弟）に嫁がせていた。そうしたことから「道真は斎世親王を皇位につけ、外戚として権力を振るおうとした」というのである。

しかし、天皇や親王に娘を嫁がせたのは、道真だけではない。多くの高官が同じようにしてきたことであり、特別なことではなかった。まして、道真はさほどの権勢欲もなく、右大臣に抜擢されても、天皇の外戚になるといった野望はなかったようだ。

とはいえ、道真にまったく非がなかったかといえば、必ずしもそうとはいえない。道真は穏健な中正派だったものの、能動的に政権運営をするというタイプではなかった。それに思わぬ出世をして、驕《おご》りが出てきた。私利私欲のために動いたわけではないが、その驕りによって時平らに足をすくわれたといえなくもない。

秀才のなかには、ものごとが悪くなると、原因を他人のせいにしてぼやく、という人がいる。道真にも、そんなところがあったのかもしれない。もし、道真に強い権勢欲があり、執念深さがあれば、時平に対抗するとか、天地神明に誓って天皇の廃立など考えてもいないなどと主張したはずだ。

だが、道真はそのような行動をとっていない。気が弱かったのかもしれないが、藤原氏はそうした弱さに乗じてごり押しをし、道真の排斥に成功したのだ。平安京の人びとには怪事件と映った道真の左遷も、その理由のいく分かは彼自身にもあった、といってもよい。

5 なぜ、左大臣源高明《たかあきら》ははめられたのか

中務少輔《なかつかさのしょうゆう》の橘繁延《たちばなのしげのぶ》らが謀叛の疑いで捕えられたのは、安和《あんな》二年（九六九）三月二十五日のことである。さらに翌日、左大臣源高明《たかあきら》が大宰権帥《だざいのごんのそち》に左遷される、という事件が起きた。これを「安和の変」というが、謎の多い、奇怪な事件だった。

『源平盛衰記《げんぺいせいすいき》』は、事件の発端をつぎのように伝えている。

「左馬助《さまのすけ》源満仲《みつなか》は、中務少輔橘繁延や前相模介《さきのさがみのすけ》藤原千晴《ちはる》らとともに、為平《ためひら》親王（村上天皇の皇子）を奉じ、東国で挙兵を企てた。しかし、満仲は繁延と相撲をとって負け、〝源氏の名折れ〟と笑いものになったことから腹を立て、密告におよんだ」

むろん、『源平盛衰記』は軍記物語だから、事実そのままというわけではない。相撲に負けたから密告した、というのはともかく、満仲が前武蔵介藤原善時《よしとき》とともに、「繁延や連《つらぬ》（左兵衛大尉《さひょうえのだいじょう》源連）らは、皇太子の守平《もりひら》親王を廃し、兄の為平親王を立てよ

うと企んでいる」

と、謀叛を密告したのは事実だ。

朝廷の動きは早かった。右大臣藤原師尹《もろただ》をはじめ、公卿らがすぐさま内裏に入り、宮中の諸門を閉じて警備を固めた。それとともに、密告を関白太政大臣藤原実頼《さねより》に報告。さらに検非違使《けびいし》に命じて、橘繁延のほか、僧蓮茂《れんも》、藤原千晴と子の久頼《ひさより》、源連らを逮捕したのである。

迅問もただちに行なわれた。この結果、為平親王を皇位につけようとする謀叛の企みが発覚した。為平親王は、左大臣源高明の娘婿である。そのせいか、翌二十六日、高明が謀叛に加担しているとして、捕えられた。

高明は事前にその気配を察し、出家して都にとどまることを願い出た。だが、左遷はすでに決定されたことであり、くつがえすことはできない。結局、高明は粗末な網代《あじろ》車で連行され、大宰権帥として九州へ追放された。

そのほか、橘繁延は土佐（高知県）へ、藤原千晴は隠岐《おき》（島根県隠岐島）へ、僧の蓮成は佐渡《さど》（新潟県佐渡島）へなどと、謀叛の企みに関与した者は流罪となった。

一方、空席となった左大臣の職には、右大臣藤原師尹がついた。右大臣には、大納言藤原在衡《ありひら》が昇進。こうして、藤原氏の権勢が盤石になったのである。

じつをいうと、この事件の筋書きは源高明の失脚をねらって、藤原氏がかなり前から準備していたようだ。その証拠に、密告後の対応がじつに素早かったこと、しかも左大臣の逮捕であればもっと慎重な配慮が必要なのに、荒っぽいやり方で有無をいわせずに処分したことなどがあげられよう。

高明が九州へ追放されたのちの四月一日、高明の邸は不審火で全焼してしまった。高明の悲劇を象徴するかのような火炎に、人びとはしきりに同情したと伝えられる。

それにしてもなぜ、高明がねらわれたのだろうか。

高明は延喜十四年（九一四）、醍醐天皇の皇子として生まれている。村上天皇の異母兄にあたるが、すでに延喜二十年（九二〇）、七歳のときに「源朝臣《あそん》」の姓を賜わり、臣下の列に入った。

康保《こうほ》三年（九六六）、藤原実頼が関白太政大臣へ昇進したのを機に、高明は左大臣となり、輦車《れんしゃ》（数人で引く車）を許された。また、学才にすぐれ、有職故事書として有名な『西宮記《さいきゆう》』を著わしている。

高明は関白藤原師輔の娘を妻とし、その後ろ楯をえていたが、師輔は天徳《てんとく》四年（九六

【天皇家と藤原氏の関係図】

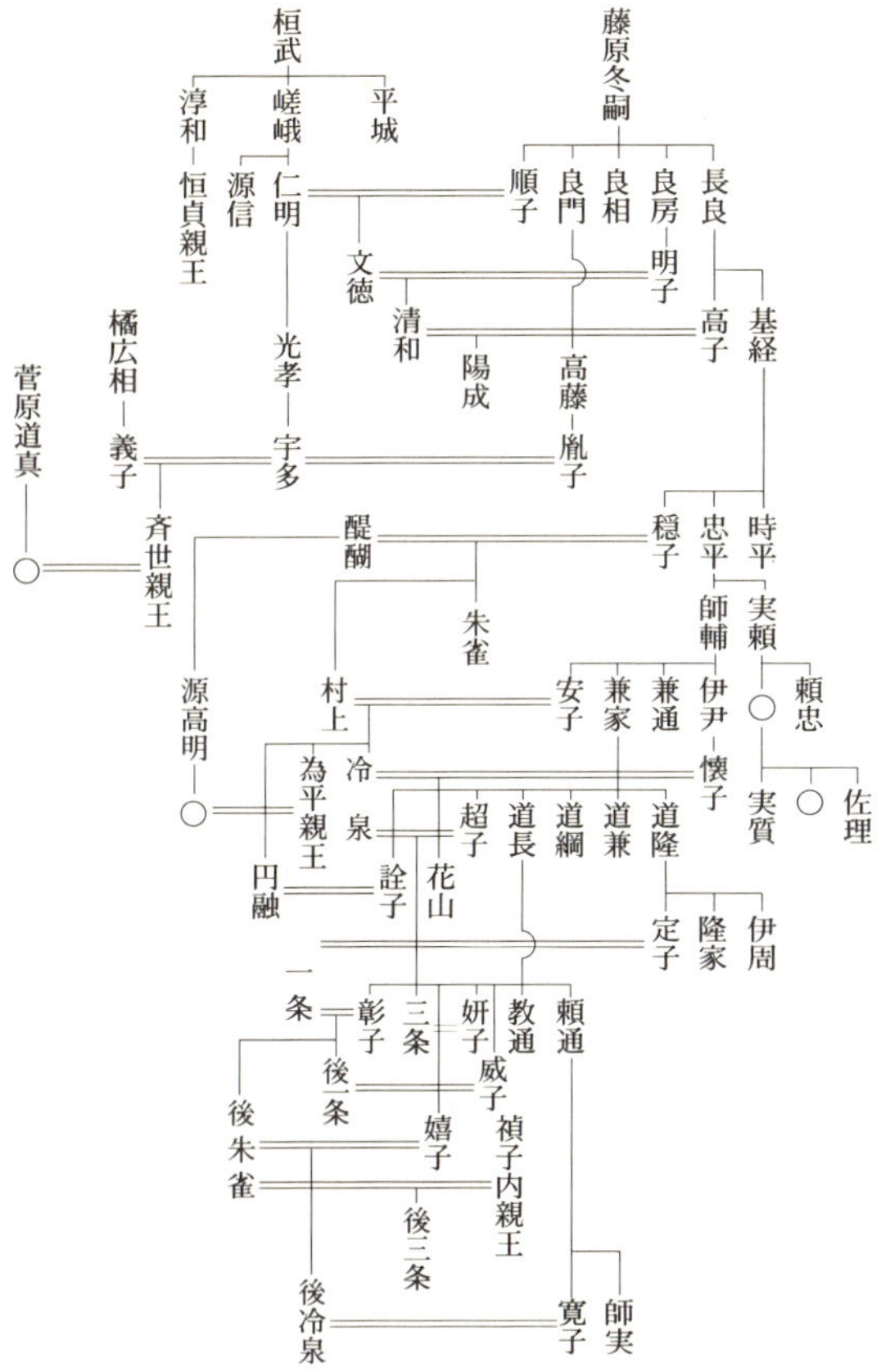

〇）に死去。さらに康保四年（九六七）には村上天皇が死去して、高明を支えてくれる人はいなくなった。

村上天皇のあと、冷泉《れいぜい》天皇が十八歳で即位したものの、冷泉天皇には奇行が多く、政務を執れる状態ではない。それでも妻を迎えたが、まだ皇子は生まれなかった。

そこで、だれを東宮《とうぐう》にするかが重大な問題になった。その候補とされたのは、同母弟の為平親王と守平親王である。順序からすれば、兄の為平親王を東宮にする、というのが常識的な線だった。そのため、多くの公卿がわが娘を為平親王の妻にしようとして働きかけた。しかし、親王の妻になったのは、高明の娘である。もし、為平親王が東宮となり、皇位を継ぐことになれば、高明は外戚として権勢を振るうことができる。

藤原氏としてはおもしろくないことだし、それは絶対に避けたいことだった。そこで藤原氏は、ひそかに為平親王が東宮になることを阻止しようと動き出す。

ところが、高明には後ろ楯となっていた村上天皇も亡く、孤立無援だった。それにくらべると、藤原氏は反高明という点で利害の一致する公卿上層部としっかり手を握っていた。

こうして康保四年、人びとの思惑を裏切って、新しい東宮には十六歳の為平親王ではなく、九歳の守平親王がなったのである。『大鏡』は、藤原兼家《かねいえ》（師輔の子）が守平親王を牛車に乗せて北の陣（内裏の北門、朔平門《さくへいもん》）から参内し、あっというまに立太子の儀を執り行なった、と伝えている。

藤原氏の目的は果たされたが、平安京の人びとはこの決定におどろき、怪しんだ。それとともに、高明と為平親王に同情を寄せた。

高明は、藤原氏の陰謀に陥《お》ちたといってよい。それでは、陰謀の首謀者はだれだったのだろうか。

当時、平安京の人びとは「右大臣師尹が糸を引いた」と噂しあったという。師尹は関白実頼の弟だが、実頼はすでに七十歳。それにくらべると、師尹はまだ五十歳である。密告を受けたとき、もっとも機敏に動いたことからすれば、首謀者だったからできたという印象が強い。

まして、師尹は野心家だったと伝えられるから、高明を追放して左大臣となり、さらには老齢の兄実頼に代わって関白に、と考えていた可能性もある。実際、師尹は事件後、左大臣に昇進した。

老齢とはいえ、実頼が首謀者という噂もあった。それというのも、かつて師輔に対抗意識を燃やしていたし、師輔と縁の深い高明を快く思っていなかったからである。だが、師輔はすでになく、実頼も老齢で、当時は病気がちだったことを考えると、首謀者というには無理がありそうだ。

さらに、師輔の子伊尹《これただ》、兼通、兼家が陰謀に積極的だった、という見方もある。高明は師輔の三女と五女を妻にしているから、彼らにとっては義理の兄弟である。しかし、当時の貴族社会では、いくら親しい間柄であっても、自分のためには相手の足を引っぱるのもやむをえない、とされていた。とくに父師輔が亡き人になっているだけに、だれに遠慮をすることもない。

三人のうち、首謀者としてもっとも容疑が濃厚なのは、伊尹である。彼の娘懐子《かいし》は冷泉天皇の女御となり、第一皇子師貞《もろさだ》親王を生んでいた。守平親王が東宮になれば、この師貞親王をつぎの東宮に押し上げるのも夢ではない。そうした計算から為平親王の立太子に反対し、高明追放に積極的になったのではあるまいか。

いずれにせよ、おたがいの欲が絡まりあいながら、師尹を中心に団結してことにあたったのだろう。この陰謀事件によって、藤原氏を脅かす勢力は排除されたが、しかしその後は、藤原氏の内部で醜い権力争いが繰り広げられていく。

6　平安京を恐怖させた二人の盗賊

平安中期のことである。平安京姉《あね》ヶ小路《がこうじ》高倉に、藤原保輔《やすすけ》の屋敷があった。この屋敷に太刀や鞍《くら》、鎧《よろい》、兜《かぶと》、絹、布など、さまざまなものを売る商人がやってくるのだが、商人たちはだれ一人として出てこない。

『宇治拾遺物語』は、奇怪な事件が続発したことを伝えている。

保輔の屋敷へ物売りにいった商人は、だれも帰ってこないものだから、商人たちのあいだでは「あの屋敷は恐ろしい」とか、「あの屋敷へいくと殺されるのだ」などの噂が広まった。しかし、殺されるのを目撃した証人はいないし、訴え出る者もいない。そのため、保輔は取調べをうけることもなかった。

じつをいうと、保輔は貴族の身でありながら、その系図に「強盗の張本（首領）であり、武略においては本朝第一だが、十五度も追討の宣旨を蒙《こうむ》った」と記される大悪人だったのである。しかも、残虐非道だった。

保輔は屋敷の奥に蔵をつくり、蔵の床下に深い穴を掘っていた。物売りや商人がやってくると、

「いい値で買ってやろう。金を払うから奥へきてくれ」

と偽って誘い入れる。さらに保輔は蔵のなかにつれ込むと、商人を殺して金品を奪い取り、死体は穴に放り込んだ。

平安京では怨霊や物怪、鬼などが現われ、人びとを苦しめていたが、藤原保輔も闇にひそむ殺人鬼として、人びとを恐怖させていた。だが、ついにその保輔にも最期の日がやってくる。

ある日、以前に使っていた足羽忠信《あしばただのぶ》という男に騙《だま》され、検非違使《けびいし》たちに取り囲まれてしまった。こうなっては、さすがの保輔も逃れる道はない。もはやこれまでと、みずから切腹する。刀を腹に突き立て、切り裂いたのだ。

検非違使たちはそれを見て、茫然と立ち尽くす。だが、保輔は平然と、さらに腹のなかに手を入れ、腸《はらわた》を引きずり出して見せたのである。それでもまだ、保輔は死ねない。取り囲んでいた検非違使たちは、あわてて血まみれの保輔を縛りあげ、獄へ入れた。保

輔は悶え苦しみながら翌日、ようやく息絶えた。

しかし、『日本紀略』によると、話は少しちがう。永延《えいえん》二年（九八八）六月十三日、保輔が中納言藤原顕光の屋敷に立て籠《こも》ったため、検非違使が屋敷をかこんで探索したところ、保輔はすばやく脱出していて、姿はどこにもない。

それでも検非違使たちが必死に捜索した結果、保輔はついに捕えられ、獄につながれていた六月十七日、自害して果てた、と伝えている。

ところで、『今昔物語集』には、袴垂《はかまだれ》という盗賊が登場する。彼は頭脳が明晰だし、非常に大胆で、万人のものはわがものと思い、だれからでも見境なく奪い取った。

冬のある夜、暖かそうな衣服を着た男が笛を吹きながら、一人で通りを歩いていた。袴垂は衣服を盗もうと歩きまわっているところだったから、その男に飛びかかろうとした。ところが、男にはなにやら恐ろしい気配があって、どうしても襲いかかれない。

いくども飛びかかろうと思いながら男のあとをつけていったが、いざとなるとためらってしまう。やっとの思いで腹を決め、刀を抜こうとしたとき、男はふいに笛を吹くのをやめて振り返った。

「おまえは何者か」

男の声は、相手を竦《すく》ませるほどの力をもっている。それまで鬼でも恐れたことのない袴垂だったが、このときばかりは肝を潰《つぶ》す思いをし、へたへたとなった。

「追剝《おいはぎ》で、袴垂といいます」

袴垂は声をふるわせながら、やっと答えた。

「そうした者がいるとは聞いたことがある。物騒な奴だな。まあ、よい。わしについてまいれ」

男はそういうと、ふたたび笛を吹いて歩き出した。袴垂は鬼神に出会ったかのように畏縮し、男についていった。着いたところは、大きな屋敷である。男はなかに入ると、綿入れの厚い衣服をもってきて袴垂にあたえた。

「これからも、なにか必要なものがあるときには、いつでもまいれ。心ない人を襲えば、命を落とすぞ」

男はそういい、屋敷のなかに姿を消した。あとで人に聞くと、藤原保昌《やすまさ》の屋敷であることがわかった。

その後、袴垂は一度は捕えられ、獄につながれたものの、大赦で出獄した。だが、いくべきところもないので、近江（滋賀県）の関山（逢坂山《おうさかやま》）の道端で死んだふりをしていた。そこへ武者が立派な馬に乗って通りかかる。袴垂は武者を襲って殺し、武器や衣服、馬を奪って東へ逃げた。

そのうちに十人、二十人と仲間が増え、道で出会った人びとを襲い、衣服や武器を奪いつづけた。こうして、袴垂は強盗団の首領となった。

この袴垂という盗賊は江戸時代、袴垂保輔として歌舞伎にも登場する。袴垂と保輔という二人の盗賊だったのに、なぜ一人として扱われたのか。

じつをいうと、保輔は保昌の弟だったが、いつのまにか道を踏みはずし、残虐非道な強盗になってしまった。保昌はつねに弟のことを思い、心を痛める。袴垂に衣服をあたえ、「いつでもまいれ」とやさしい言葉をかけたのも、弟の姿を重ねて見ていたからにちがいない。

後世、袴垂と保輔とが同一化されたのも、保昌の逸話が語り継がれ、保昌の無念さが同情を買ったからだろう。いずれにせよ、平安時代には恐ろしげな盗賊が出没し、奇怪な事件を起こして人びとをふるえあがらせた。

7 花山《かざん》法皇は、なぜ矢を射たれたのか

長徳《ちようとく》二年（九九六）一月十六日、故太政大臣《だいじようだいじん》藤原為光《ためみつ》の邸宅近くで、為光邸から出てきた花山《かざん》法皇が何者かに弓矢を射かけられる、という怪事件が起こった。

幸いにも花山法皇の命におよぶことはなかったが、その矢は法皇の袖を射抜いた。そればかりか、法皇の従者二人が殺され、首を持ち去られた。法皇の命を狙ったのか、それともただの脅しだったのか。いずれにせよ、ゆゆしき大事件である。なぜ、このような怪事件が起きたのだろうか。

花山法皇はこのとき、二十九歳である。

永観《えいかん》二年（九八四）、十七歳で即位したが、なにかにつけて奇異な振舞いを見せたという。たとえば、即位式のさなか、そばにいた命婦《みようぶ》（天皇に仕える女官）を高御座《たかみくら》に引きずり込み、犯したという話もある。高御座は大極殿《だいごくでん》（大内裏の正殿）に置かれ、即位や朝賀

などの大礼のさいに用いた。これが事実なら途方もないことだ。

花山天皇には多くの女御がいたが、なかでも溺愛したのは、大納言為光の娘、忯子《しし》だった。彼女は天皇の二歳年上だが、まもなく懐妊して、父為光の邸に帰る。しかし、病のためにやせ細り、花山天皇が即位した翌年、寛和《かんな》元年（九八五）に、忯子は妊娠八か月で死没してしまった。

天皇は深く嘆き、抜け殻のようになった。ときには「わたくしも死んでしまいたい」などと、厭世の言葉を吐く。

これに目をつけたのが、右大臣の藤原兼家《かねいえ》である。さっそく、蔵人《くろうど》として天皇のそばに仕えていた息子の道兼に、天皇を出家に誘うように命じた。

「出家して仏道に入れば、愛しい忯子様にまたお会いになれます。わたしもお供いたしましょう」

道兼は言葉巧みに誘い、天皇に出家を決意させたのである。

こうして寛和二年六月二十三日未明、道兼は天皇を清涼殿からひそかに連れ出し、山科の元慶寺《がんぎょうじ》に入った。天皇はただちに剃髪、出家したものの、道兼は、

「僧形になる前に父親に会い、出家の断りをしたいと存じます。必ず、すぐ戻ってまいり

ますから」

といい、寺を出た。ところが、道兼は戻ってこなかった。

宮中では「天皇が行方不明になられた」と、大さわぎになったが、すでに兼家の子、道隆と道綱は天皇のしるしである宝剣、神璽《しんじ》を清涼殿から持ち出し、まだ七歳の皇太子懐仁《やすひと》親王（兼家の孫）の部屋へ移していた。

花山天皇が「道兼父子に謀られた」と気づいたときには、すでに手遅れだった。夜が明けると、懐仁親王が即位して一条天皇となり、翌六月二十四日には、兼家が外祖父として摂政に就任、政権を握ってしまった。

花山天皇は道兼の詐術によって、十九歳で出家に追い込まれ、法皇となることを余儀なくされたのである。

出家したあと、花山法皇は紀伊（和歌山県）の熊野、播磨（兵庫県南西部）の書写山など、各地を放浪して苦行を重ねたほか、歌を詠むなど風流の道にもいそしんだ。

数年後に帰京し、当初は東院に入って慎んでいたものの、じつをいうと色好みだったから都での暮らしに慣れてくると、その色好みが首をもたげてきた。

藤原為光の娘たちはいずれも美人の誉れが高く、花山法皇は妹の四の君とねんごろになり、彼女のもとに通うようになった。一方、内大臣伊周《これちか》は姉の三の君のもとに通っていたのだが、法皇が同じ三の君のところへ通っている、と誤解してしまった。

伊周は、武勇で知られた弟の中納言隆家《たかいえ》に相談した。当時、伊周は二十四歳、隆家は十八歳、花山法皇は二十九歳である。隆家は兄の相談を引き受けた。こうして月の明るい一月十六日、花山法皇が女の家から帰るのを待ち伏せたのである。

隆家は腕利きの従者を引きつれ、息をひそめて待ちかまえた。まもなく、法皇が馬に乗り、従者をつれて現われる。月明かりに照らされて、その姿がはっきり見えた。

「矢を射よ」

隆家は意を決して、従者に命じた。矢は放たれ、勢いよく飛んでいく。

矢は法皇の袖を射抜いた。もう少し上であれば、法皇は命を失ったか、傷を負ったはずである。法皇はおどろき、従者もあわてふためく。双方の従者の乱闘となり、あたりは騒然となった。結局、法皇の従者二人が殺害され、花山法皇は東院へ逃げ帰った。

たんなる脅しだったのかもしれないが、法皇が弓矢で狙撃されたというのは奇怪な事件である。都の人びとは不安に駆られ、恐れおののいた。たしかに、出家の身にあるまじき法皇の行跡に一因がないとはいえない。しかし、非は明らかに伊周と隆家にある。伊周の勝手な思いちがいで法皇を狙撃したのだから、いいわけのできない大罪である。花山法皇は朝廷に知らせ、犯人を捕えようと思ったものの、ことの発端が女のことだけに体裁が悪い。そこで隠しておくことにしたのだが、こうしたことは隠しきれるものではない。やがて噂が広まり、事件は明るみに出てしまった。

悪いことに当時、伊周は右大臣の藤原道長《みちなが》と反目しあっていた。道長はこの事件を利用し、伊周を取り除こうとする。事件から三か月後の四月二十四日、一条天皇は伊周を大宰《だ》権帥《ざいのごんのそち》に、隆家を出雲権守《ごんのかみ》に左遷する命令を下した。事実上の配流だった。

伊周、隆家の妹定子《ていし》は一条天皇の中宮となっていたが、父の道隆は長徳元年（九九五）に四十三歳で病死。まもなく、定子は懐妊したため、宮中から退出し、兄伊周の邸に身を寄せていた。そこに花山法皇の狙撃事件が起きたのである。このため、長徳二年五月十一日、定子は二十一歳だったが、みずから髪を切り、尼になった。

怪事件と大騒ぎになったとはいえ、女をめぐる誤解からはじまった事件である。だが、その影響は大きい。二人の貴族を平安京から追放し、天皇の中宮を出家させて結末を見た。

一〇〇字書評

切り取り線

本書の購買動機（新聞名か雑誌名か、あるいは○をつけてください）

＿＿＿新聞の広告を見て	雑誌の広告を見て	書店で見かけて	知人のすすめで

住所	
なまえ	
年齢	
職業	

あなたにお願い

この本をお読みになって、どんな感想をお持ちでしょうか。右の「一〇〇字書評」を私までいただけたらありがたく存じます。今後の企画の参考にさせていただきます。

あなたの「一〇〇字書評」は新聞・雑誌などを通じて紹介させていただくことがあります。

そして、その場合は、お礼として、特製図書カードを差しあげます。

右の原稿用紙に書評をお書きのうえ、このページを切りとり、左記へお送りください。電子メールでもけっこうです。

〒101-8701 東京都千代田区神田神保町三―六―五
九段尚学ビル　祥伝社
祥伝社黄金文庫編集長　小川　純
E-Mail.Address:ohgon@shodensha.co.jp

祥伝社黄金文庫

祥伝社黄金文庫　創刊のことば

「小さくとも輝く知性」——祥伝社黄金文庫はいつの時代にあっても、きらりと光る個性を主張していきます。

真に人間的な価値とは何か、を求めるノン・ブックシリーズの子どもとしてスタートした祥伝社文庫ノンフィクションは、創刊15年を機に、祥伝社黄金文庫として新たな出発をいたします。「豊かで深い知恵と勇気」「大いなる人生の楽しみ」を追求するのが新シリーズの目的です。小さい身なりでも堂々と前進していきます。

黄金文庫をご愛読いただき、ご意見ご希望を編集部までお寄せくださいますよう、お願いいたします。

平成12年(2000年)2月1日　　祥伝社黄金文庫　編集部

平安京《へいあんきよう》の怨霊伝説《おんりようでんせつ》　陰陽師《おんみようじ》たちが支配《しはい》した京都《きようと》

平成13年9月10日　初版第1刷発行

著者　中《なか》江《え》克《かつ》己《み》

発行者　渡辺起知夫

発行所　祥《しよう》伝《でん》社《しや》
東京都千代田区神田神保町 3-6-5
九段尚学ビル　〒101-8701
☎03 (3265) 2081 (販売)
☎03 (3265) 1084 (編集)

印刷所　堀内印刷

製本所　関川製本

ISBN4-396-31270-9 C0121

祥伝社のホームページ・http://www.shodensha.co.jp/